CHARACTER REVOLUTION

인성혁명

물음 구 냐 묻음 섞기

인성

박영수 지음

율도국

목차

마음공부가 부족한 시대 무엇을 해야 하는가

"엄마 마음만 있어? 내 마음도 있잖아"

초등학생 아들이 운다.

옷 입는 것 초차도 자신의 원함대로 못하게 하는 엄마가 원망스러웠던 것이다.

멋진 옷을 입히고 싶은 엄마의 마음이 잘 못 되었는가? 그렇다고 원하는 옷을 입고 싶어 하는 아들이 문제 있는가?

옳고 그름을 떠나 결과적으로 두 가슴에 불꽃이 튀었다.

마음이 여럿 모이면 가족이 되고 사회가 된다.

지금도 70억 명의 인구가 크고 작은 일에 선과 악을 따지며 삶을 꾸려나간다.

그런데 그들이 생산해내고 있는 유산들 중에 아쉽게도 나쁜 소식이 더 많이 들린다.

왜 그런가?

독일의 철학자 헤겔은 "두 자유가 있으면 충돌할 수밖에 없다.

무제한적 자유는 곧 파멸이다. 나도 자유롭고 너도 자유로우려면 일정 정도 포기해야 한다."라고 했다.

그는 마음, 즉 인성의 부딪침에 대해 말한다.

이 문제해결을 위해 선택한 것이 '여기까지는 서로 넘지 말자'라는 사회적 합의다.

법과 제도, 도덕 등의 선행체계가 그 예다.

그것으로 '공동체유지의 목적'이 달성된 것처럼 보인다.

하지만 속을 들여다보면 갈등과 다툼이 여전하다.

인성이란 무엇인가?

막강한 영향력에 비해 아는 사람이 별로 없다.

그의 존재에 대한 사회적 동의는 없고 종교, 철학, 정신의학 분야에서 조각내 다루어지고 있을 뿐이다.

그러다보니 묻지마 살인, 방화, 왕따, 911테러, 분쟁 등이 터질 때마다 우왕좌왕이다.

대응방식도 햄버거집 메뉴얼과 다르지 않다.

현장수습 단계에서는 '응징하자', '악을 제거하자'고 소리 높인다.

조금 지나면 '선하게 살자', '사랑하자'고 교훈한다.

이어 각양각색의 대책수립 발표와 다시는 이런 일이 없어야 한다는 바램(Memorial Ceremony)들이 이어진다.

그리고 언제 그랬냐는 듯 연기처럼 사람들 기억에서 잊혀져간다.

감기 걸린 아이를 배고파 운다고 진단하고 있으니 결과가 없는 것은 당연하다.

인성을 다루는 이유는 무엇인가?
'모두가 행복한 사회'를 꿈꾸지만 '결과는 반대로 나오는 현상'에 대한 '이해와 해법'을 찾기 위한 것이다.
인성은 천의 얼굴을 가졌다.
종교, 철학, 과학, 의학, 인문학, 교육학도 그를 해석하기 버겁다.
그러다보니 대부분 무지몽매(無知蒙昧)에서 헤어나지 못한다.
하지만 자세히 보면 '어떤 내용'을 담고 있는 '그릇'이다.
마치 '전달해야 할 무엇'을 들고 온 외교사절과 같다.
그가 온 이유를 알기 위해서는 손잡고 있지만 말고 전달하기 위해 가져 온 '진리로서의 내용'을 파악해야 한다.

어떻게 '보이지 않는 내용'인 '진리'를 아는가?
'깨달음'의 망치로 그릇을 깨야한다.
본서를 기술한 목적은 '그릇 깨기'가 얼마나 중요하며 '그 요령'이 무엇인지를 제시하기 위함이다.
서둘러 결론을 말하면 '인성이라는 마법의 양탄자'를 타고 '인간의 성숙'을 위해 달리는 것이 아니라 거꾸로 '자기부인(自己否認)'의 길로 가야한다.

‘자기부인’은 본서의 주제이며 21세기 ‘혼돈의 시대’를 종식시킬 수 있는 ‘새로운 가치관’이기도 하다.

그것이 무엇인가?

‘자신의 영광’만을 위해 살던 곳에서 ‘욕망의 옷’을 벗고 ‘없음’의 자리로 내려오는 것이다.

이는 철학이나 불교에서 행하는 ‘자기 비움’, ‘내려놓음’ 등과는 본질적 차이가 있다.

이 수행은 ‘주체성 욕구가 100% 차 있음’을 전제로 한다.

하지만 자기부인의 경우는 ‘욕구가 아예 없는, 자아의 죽음’을 전제로 하기 때문에 다르다.

인간이 어떻게 아무런 욕망을 가지지 않을 수 있는가?

아니다.

오히려 반대다.

인성을 제대로 알면 ‘다른 차원의 다이내믹한 추구와 성취’가 발휘된다.

본서는 ‘인성 속에 꽁꽁 숨어있는 내용’을 채굴하기 위해 ‘엄청난 굴착기’가 동원되었다.

이를 위해 새로운 개념들을 많이 제시했다.

따라서 가지고 있던 ‘고정관념’과 ‘색 바랜 정의(定義)’를 버리지 않으면 ‘참 내용’과 쉽게 만나기 어려울 수도 있다.

또한 까다로운 ‘인성의 본질’에 도달하기 위해 지루할 정도로 ‘반복기술형식’을 취했다.

부디 목차에 매이지 않고 자유롭게 본서와 최소 10번의 교제를 나눠보길 권한다.

이런 관점에서 총 4 PART로 구성하여 그 중 앎의 단계인 PART 1『인성, 왜 자신과 화해하는 것이 우선인가』, PART 2『왜 우리는 인성을 이해해야 하는가』, 깨달음과 됨의 단계인 PART 3『깨달음, 자인식의 변화가 인성혁명이다』, 마지막으로 누림의 단계인 PART 4『인성, 진정한 행복을 누리는 삶』으로 나누어 기술했다.

인터넷이라는 통로를 통해 알게 된 고(故) 김성수 목사에게 본서를 바친다.

그는 음성파일로 종교와 인생에 대해 새로운 눈을 뜨게 해주었다.

이웃에게 받은 사랑을 흘려주는 맘을 갖게 했고 이 책을 쓰는 동력이 되었다.

2017년 10월
'인성혁명을 통해 변화되는 세상'을 꿈꾸며
박영수

PART 1

인성, 왜 자신과 화해하는 것이 우선인가

티베트 정신지도자 달라이라마는 언론 인터뷰에서 다음과 같이 언급했다.

"생활여건이 좋아졌고 교육이 많이 향상되었는데도 사람들은 서로를 너무 쉽게 죽이고 속입니다. 이런 갈등과 다툼, 고통을 행복으로 바꾸는 묘약이 사랑과 자비, 연민입니다."

"평화를 구현하기란 어렵다는 것, 맞는 말입니다. 유치원 때부터 사랑과 자비, 연민을 가르쳐야 합니다. 그러면 정치인, 교육자 등 여러 분야로 진출해 새 세상을 열 것입니다.

그 외에 무슨 방법이 있겠습니까."

'선라이즈 선셋'이라는 영화를 보면 달라이라마의 일상을 볼 수 있다.

그가 새벽에 일어나 가장 먼저 하는 일은 '오체투지'라 불리는 불교의 예법이다. 온 몸을 바닥에 누였다가 다시 일어서는 절인데 두 무릎과 팔꿈치, 이마가 땅에 닿아야 하는 동작이다.

그는 체력적으로도 많이 힘들어 보이는 이 예법으로 하루를 시작한다.

이어서 러닝머신 위를 달리며 아침운동을 시작한다.

여느 할아버지들처럼 속옷만 걸친 소탈한 모습이다. 탈탈거리는 운동기구의 기계음에 맞춰 축 쳐진 노인의 육체가 카메라 앞을 왔다 갔다 움직인다.

1959년, 중국의 탄압을 피해 인도 북부에 위치한 다람살라로 망명을 떠나온 달라이라마는 지금까지 이곳에서 지내고 있다. 수많은 티베트인들과 그를 따르는 수도자, 순례자 등 세계 각지에서 온 사람들이 함께 정착해 생활하는 곳이다.

달라이라마가 티베트가 아닌, 다람살라에서 전 세계인들의 이목을 집중시킬 수 있었던 것은 바로 그의 비폭력 투쟁이라는 신념의 결과이다. 때문에 1989년 노벨평화상도 수상하게 됐다.

그가 주장하는 종교적 논리의 동의 여부를 떠나 사람들의 마음을 진실로 움직였던 것은, 평화를 주장하는 그만의 방식 때문이었다.

세상은 '어두운 그림자 드리움'에 대해 우려한다.

영향력을 발휘해야 한다는 소임(所任)을 가진 자들은 하루가 멀다 않고 대안들을 쏟아 내고 있다.

한 목소리로 자만심, 기만, 이기주의에 사로잡히지 말고 자비와 사랑으로 평화를 가져오자고 한다.

혹자는 잘못된 것을 바로잡기 위해서는 편만하게 퍼져있는 악을 몰아내야 한다고 한다.

그렇지만 어찌된 일인지 바이러스 퇴치효과는 나타나지 않고 오히려 악화될 뿐이다.

문명을 만들며 살기 좋은 사회를 만들자고 외치고 있지만 그 산물은 보잘 것 없는 '가시와 엉겅퀴'뿐이다.

난국타결을 위한 내어 놓은 해답은 예나 지금이나 똑같다.

'살기 좋은 세상 만들기 프로젝트'가 시시각각으로 제시되고 있지만 여전히 제자리인 이유가 무엇인가?

문제인식이 잘못되었기 때문이다.

'어둠의 증상'은 인성을 잘못 이해한데서 온다.

'지식의 부족함'에 '지혜의 결여'가 겹쳐 '엉터리 진단과 해결책'이 남발된 결과다.

인간은 불덩어리인 인성을 안은 채 '자아의 풍족함'을 추구한다.

그 삶은 필연적으로 '타인의 굴복'을 요구한다.

'자기욕망추구'가 높아질수록 '상대의 욕망은 저지'되어야 하는 '역함수 논리'가 지배하는 사회가 된다.

이런 갈등과 전쟁의 사이에서 '선하게 살자, '사랑하자'는 구호는 공허한 메아리다.

'자신의 패배'를 인정하지 않는 '원성이 가득 찬 세상'에서 공동의 평화는 없다.

인성이 초래한 '중병'을 치유하는 답은 그 안에 있다.

'오해된 인성'을 바로잡는 것이 그것이다.

오해는 반드시 불화를 낳는다.

가시 돋친 몸으로 상대를 사랑한다고 꼭 안아주면 그는 죽는다.

누구나 자아성취를 위해 달리지만 자세히 보면 모두가 남을 해치는 강시, 드라큘라다.

인성이 시키는 대로 짐승처럼 '자기의 배'를 채우는 자들뿐이다.

오해를 풀고 화합하는 길은 없는가?

맹목적으로 휘두르던 인성의 칼을 내려놓고 '왜 그가 존재하는가'를 생각하는 것이다.

'그렇게 쓰라고 주어진 것'이 아님을 알아야 한다.

원래 주어진 '목적대로 깨달아 순리대로 사는 것'이 '인성과 자아가 화해'하는 것이다.

죽음의 증상을 해결하고 평화를 누리는 길은 '가화만사성(家和萬事成)'이 아니라 '자화만사성(自和萬事成)'이다.

본 PART에서는 '인성과 자아가 화해하지 못하고 있는 현실'을 '아픔의 시대를 사는 우리의 자화상'과 '인간이 맞은 4개의 독화살'이란 관점에서 살펴본다.

제1장 아픔의 시대를 사는 우리 자화상

1. 벗어난 과녁, 빗나가는 화살

　영국의 생물학자인 리처드 도킨스는 "우리가 열심히 살고, 좋은 배우자를 고르고, 자식을 훌륭히 키우려 애쓰는 것이 이기적 유전자의 생존력을 높이기 위한 것이다."고 했다.

　그의 말처럼 인간들은 온통 '자신의 잘됨'에 몰두한다.

　'자아구축의 욕망'으로부터 시작된 에너지를 바탕으로 '더 나은 삶과 미래'를 추구한다.

　그 결과 기술의 발달, 경제발전, 문화수준이 높아져 '인간다운 삶'을 누리게 되었다.

　마침내 이상향이 이루어진 것처럼 보였다.

　과연 그런가?

　'자기만족 추구'라는 에너지는 교묘한 연막술로 '엉뚱한 곳'으로 인도하고 있다.

풍요와 만족을 누리는 것처럼 보이지만 상대적 빈곤, 분노와 갈등, 폭력, 범죄율과 자살률은 증가하고 있다.

국경 간, 종교분쟁은 심해지고 있으며 도덕적 타락은 가속되고 있다.

잘 살기위해 만든 '경쟁시스템'은 순위매기기로 얼룩지고 압박에서 해방될 조짐이 보이지 않는다.

왜 열심히 노력한 결과가 '고통의 바다'로 감지되는가?

모든 증세는 서로 '왕이 되려는 집착'이 내 놓은 결과다.

이들은 각자 '주인의식'으로 무장하고 아무 근거 없이 '신(神)'이 되어 이상한 방향으로 달리고 있다.

'자기욕망추구에 몰두하는 군상'들은 여전히 바쁘지만 외롭고, 고독하며 불만족한 옷을 벗어버리지 못한다.

과연 노력의 끝은 어디인가?

'유토피아'라는 목적지에 도달하고 있는가?

역사는 반복해서 '아니야'라고 답한다.

생존시대인 고대는 '피 뿌리는 정복'을 통해 존재감을 과시하였고 약자는 노예로 취급되었다.

'인간성 회복과 존엄'에 대한 갈망이 강했던 르네상스시대에 비로소 인간이 '사회를 이끄는 주체'로 인식되었다.

'짐승같이 살았던 부끄러운 굴레'를 벗고 잘 가르쳐서 '행복한 세상'을 만들 수 있다고 믿었다.

하지만 지식이 높아질수록 '탐욕의 온도계'만 올라갔다.

급기야 '두 차례에 걸친 세계대전'으로 '욕망이 집단화된 결과'가 얼마나 무서운 것인지를 만천하에 드러냈다.

그렇다면 이념과 이데올로기가 세상을 변화시켰는가?

공산주의 혁명은 기득권을 부수고 억압된 노동자를 해방시켜 '약자가 승리하는 세상'을 건설하자는 운동이었다.

탐욕을 내려놓고 '잘 살아보자는 선한 의도'는 참혹한 실패로 결말났다. '착취 계급'이 생겨나고 욕망을 채우기 위해 '당을 짓고 남을 밟는 현장'으로 변질되었다.

선한 이념도 결국 '자기의 이익을 위한 것'이었고 언제라도 가면을 벗어던지게 된다는 오명만 남겼다.

만인이 선하다고 인정한 민주주의는 성공했는가?

시작은 좋았다.

국민주권원칙, 다수결원칙, 법치주의사상으로 인권의 기반이 되었고 미국의 독립혁명과 헌법제정, 프랑스혁명의 정신적 지주가 됨으로써 근현대 정치 이데올로기로 확립되었다.

그러나 곳곳에 파열음이 감지되고 있다. 대중의 인기에 영합하는 '포퓰리즘(populism)'으로 변색되고 있다.

급기야 비현실적 인기정책을 내세워 일반의 의사를 왜곡시키는 '역(逆) 민주주의'로 전락하고 있다.

마지막 보루라고 할 수 있는 종교가 우리를 변화시킬 수 있었는가?

이들은 예나 지금이나 '이웃사랑'을 부르짖고 '내 탓이요'를 외치며 자비와 긍휼을 내놓고 있다.

그런데 어찌된 일인지 선으로 악을 지배하기는커녕 반대의 결과만을 낳고 있다.

분노와 미움, 증오, 갈등, 분쟁, 복수, 전쟁을 상징하는 주범으로 지목되었다.

더 나아가 십자군전쟁, 인종 학살, 내전, 자살폭탄, IS, 911테러 등으로 변종을 거듭하며 '역사의 문을 닫는 파국의 단초'가 되고 있다.

인간은 '양심을 추구'하며 '법과 도덕을 준수'하여 행복을 이루려 했다.

다 같이 힘을 모아 '성품을 계발'하여 '꿈과 같은 나라'를 만들 수 있다고 믿었다.

하지만 모든 것이 뜻대로 되지 않고 있다.

수행과 금욕, 인성의 개발로 '누구나 원하는 인류평화'가 실현된다는 희망은 꿈이 되었다.

'선한 열심'이 파국을 가져오는 '이상한 결과' 앞에 망연자실하고 있는 형국이다.

그토록 원하던 '진짜 행복'은 어디 있는가?

어느 과녁에 시선을 두어야 하는가?

2. 삐뚤어진 자아, 우두머리추구 증후군

　프랑스 계몽주의 사상가인 드니 디드로(Denis Diderot)는 "인간 존재가 없다면 감동적이고 장대한 장관인 자연은 슬픈 벙어리일 것이다."라 했다.

　그의 말대로 '우주에 유일하며 소중한 존재'가 인간이다. 존귀한 자로 태어나 한 번 뿐인 인생을 가치 있게 살려는 시도가 잘못된 것인가?

　인간은 분명 하늘에서 뚝 떨어져 바람같이 가는 허망한 실체가 아니다.

　'의미를 찾고 행복을 갈망'하는 것은 당연하며 그럴 권리가 있다.

　하지만 또 다른 측면의 원리적 문제로 인해 '보편적인 행복추구'가 어려워졌다.

　모든 인간은 '우두머리 추구'라는 갓을 쓰고 있다.

　저마다 영웅호걸이 되어 '꿈과 야망을 성취'해야 한다는 전염병에 걸려있다.

　이러한 욕망은 필연적으로 충돌을 피할 수 없게 된다.

　완전무장 한 채 '욕구 충돌현장'에 서 있는 한 '모두가 만족하는 공간'이 유지될 수 없다.

인간은 '유명한 자, 용사'가 되기 위해 사력을 다한다.

자아를 살찌우는데 온통 관심이 집중되어 있다.

또한 외양과 스펙, 재산을 쌓아 훌륭한 사람으로 평가받고 싶어 한다.

왜 그토록 자아에 몰두하는가?

왜 '자기영역확장'에 목숨을 거는가?

최고를 꿈꾸는 자들이 도달할 종착점은 '불평등과 분쟁을 거친 공멸'이다.

그 길은 좋아 보이지만 낭떠러지로 가는 길이다.

'다수가 가는 길'이라 안심하고 가지만 '피할 수 없는 죽음의 블랙홀'이다.

설상가상으로 인간은 손에 쥔 것이 없다.

어떤 곳인지, 왜 와야 하는지, 누가 보냈는지도 모른다. 의지를 가지고 이 땅에 들어온 사람도 없다.

맘대로 떠나지도 못한다.

'존재의 성립'에 무엇 하나 관여하지 않았고 '유지와 소멸'에 의견을 제시할 수 없는 '무력한 객체'일 뿐이다.

기본적인 것도 해결하지 못하고 어디를 향해 무작정 달려가도록 강요당하고 있다.

근본 없는 텅 빈 자아, 절대 결핍 콤플렉스를 해결하는 방법으로 선택한 것이 '신의 추구 증후군(Syndrome)'이다.

스스로의 힘으로 왕국을 건설하자는 '자아세계 구축 증세'가 그것이다.

우주의 중심에 '나'를 올려놓고 '성취하며 행복을 누리려는 발상'이다.

'믿을 것은 나 밖에 없다'고 주문을 걸고 '우두머리가 되어야 한다'고 야단이지만 '어디에서 온 명제'인지도 모른다.

'자기가 주인인 나라'를 만들려는 '왜곡된 정체성'에 기반 한 '삐뚤어진 자아'에서 '인류의 비극'이 시작된다.

더 큰 문제는 이러한 욕망은 제어할 수 없으며 한계를 정할 수 없고 필연적으로 충돌하게 된다는 것이다.

여기서 '나'의 행복을 위해 '남'이 희생되어야 하는 '정글법칙'이 탄생한다.

승자와 패자, 정복과 피정복, 성공과 실패로 가르며 부익부 빈익빈 현상을 낳게 된다.

무슨 수를 쓰던 자기의 욕구가 충족되어야만 '성취감을 얻는 곳'에서 모두가 행복할 수 없다.

스스로 역사를 일구며 '꿈을 이뤄야 한다'는 에너지가 파멸로 몰아가고 있다.

'역린(逆鱗)'이란 고사성어가 있다. 용의 목에 거꾸로 난 비늘이란 뜻이다. 용을 길들이면 온 천하를 얻지만 비늘을 만지면 죽음에 이른다는 뜻이다.

전국 시대 한(韓)나라는 주변 여섯 나라에 비해 국토나 국력이 뒤처지고 있었다. 나라가 항상 위태로운 가운데 한비자(韓非子)는 나라가 걱정되어 임금에게 이렇게 진언했다.

"지금 우리 한나라는 주변 강대국들에게 언제 침공을 당할지 모릅니다. 특히 서쪽 진나라는 노골적으로 야욕을 드러내고 있습니다. 이런 비상시국에 왕실과 백성들의 안전을 위해 부국강병을 이룩해야 하고, 무엇보다도 엄정한 법 집행으로 기강을 올바로 세워야 할 것입니다."

그러나 무사안일에 빠진 임금과 조정은 한비자의 충언을 흘려들었다. 실망한 한비자는 법치주의를 정리하여 집대성하였는데 『한비자』의 '세난편(世難篇)'을 보면 다음과 같은 구절이 있다.

"용은 성질이 순하므로 잘 길들이면 탈 수도 있다. 그러나 턱 밑에 길이가 한 자나 되는 '거꾸로 솟은 비늘[逆鱗(역린)]'이 있으니, 용을 길들인 사람이라 할지라도 만약 이것을 건드리면 반드시 그를 죽인다. 군주한테도 역린이 있은즉, 군주를 설득하고자 하는 사람은 이 역린을 건드리지 않아야만 성공을 기대할 수 있다."

인성은 역린과 같다.

잘 알고 다루면 자유를 얻는다.

하지만 오해하여 비늘을 잡고 버둥거리면 죽음이다.

근원도 없는 자가 '도달할 수 없는 이상향의 삶'에 대한 '야망을 갖는 것' 자체가 '거꾸로 솟은 비늘'을 만지고 있는 것이다.

'자신을 신 삼는 자들'이 구축한 결과가 '추악한 역사'로 나타나는 것은 인성을 잘 못 이해해 역린을 붙들고 있기 때문이다.

3. 다툼의 근원, 두 마음을 가진 나

그리스의 철학자 소크라테스는 '진리를 안 독설가'였다.

그는 길을 가는 시민이나 제자들에게 문답법으로 철학적 대화를 나누는 것을 좋아했다.

어려운 질문을 던져 권력자들을 조롱했고 질문 받는 사람에게 무식함을 깨닫게 하여 기분을 상하게 하기도 했다.

그의 시선은 하나였다.

'근본의 문제'를 간과한 자에게 '너 자신을 알라'는 것이다.

'자신의 흠 없음'을 전제로 남을 판단하지 말고 '자아의 무력함'을 깨달아 '타인을 용서하고 배려'하라는 부르짖음이었다.

결국 신에 대한 모독과 젊은이들을 타락시켰다는 죄명으로 법정에 서게 되었다.

벌금을 내면 풀려날 수 있었지만 자신의 혐의에 대해 아무 말도 하지 않고 주장을 멈추지 않았다.

'진리의 창'을 들고 '만인의 아픈 곳'을 찔렀던 그는 말을 알아듣지 못하는 세상을 품에 안고 독배를 마셨다.

길 가는 사람을 잡고 "당신은 어디서 왔습니까?", "무슨 목적으로 살고 있나요?"를 물어보라.

누구나 정신 나간 사람이라 손가락질 할 것이다.

그만큼 인간은 진리에 관심이 없다.

자기를 존재케 하고 이끄는 것이 무엇인지도 모르면서 '장황한 목표'를 세우고 성취하기 위해 바쁘다.

'원인 없는 자'가 '결과 없는 것'을 얻기 위해 몸부림치는 꼴이다.

어디서 비롯되었는지도 모른 채, '스스로 하늘이 되겠다'는 인간의 노력은 눈물겹다.

공자는 인(仁)을 통한 '신의 경지'를 꿈꿨다.

자신을 버리고 법, 도덕, 윤리를 범하지 않으며 '다른 이의 유익'을 위해 살다보면 인이 마음에 쌓이고 성품이 되어서 마침내 '하늘의 뜻과 부합하는 군자'가 된다고 했다.

그의 이상세계는 실현되지 못했다.

인성 뒤편에 있는 불의, 탐욕, 분쟁, 교만 등을 간과했다.

도덕, 윤리는 '자존심 챙기는 선'까지였고 '그것을 넘을 만한 강렬한 유혹' 앞에서 속수무책임을 깨닫지 못했다.

인간의 역사는 그야말로 어둠으로 전철되어 있다.

스캔들, 음모와 폭로, 미움, 다툼, 아첨, 궁핍, 공포로 가득 차 있다.

있는 자들이나 없는 자들이나 '만족과 행복'은 잠시, 다시 '두려움과 불안의 늪'에 빠진다.

왜 그럴까?

'주어진 인성을 오해하며 잘 못 사용'하고 있기 때문이다.

약속이라도 한 듯 '인성이라는 전력'에 코드가 꼽히면 예외 없이 '왕 되기 프로젝트 파일'이 생성된다.

이 파일은 에너지가 되어 '자기중심', '자아도취', '집착', '자존감 챙기기'로 나타난다.

스스로 행복을 쟁취할 수 있다고 확신하며 서로 빼앗고 정복함으로 '우월한 주체성'을 증명하려 한다.

세상의 중심이 되어 살아가는 인간은 필연적으로 '두 마음'을 갖는다.

객체나 상황을 만나면 스스로 '이것은 옳고, 저것은 틀리다'라는 '두 가지 관점으로 나누는 본능'이다.

자기도 모르게 선과 악, 좋고 싫음, 유명과 무명 등 수 없이 많은 현상을 둘로 분류하고 한쪽에 서있다.

그래서 지구촌은 온통 둘로 갈라져 있다.

진보와 보수, 좋은 놈 나쁜 놈, 흑과 백, 민주주의 공산주의 등으로 나뉘어 앙숙이 된다.

그것으로 자아를 살찌우며 자존감을 높이는 재료로 사용하여 '더 높은 곳을 추구'하는 명분으로 삼는다.

'선악을 정의'하고 '상대방을 저울질'하며 '행복에 도달하려는 시도'는 그 자체로 모순을 갖게 된다.

판단을 받는 상대방도 역시 '왕'이기 때문이다.

그 사람도 자기가 구축한 '선악체계'가 있으며 '도덕과 윤리를 뛰어넘는 주관적 가치'가 있어 언제든지 부딪힐 준비가 되어있다.

'맹렬하게 타오르는 불덩어리'인 채 도덕과 윤리와 양심을 지킨다 해도 '누구나 만족하는 행복'에 다다르지 못한다.

'너 자신을 알라'는 물음을 뒤로 한 채 행방 없이 달려가는 날파리들처럼 인간은 그렇게 살고 있다.

4. 풀지 못하는 숙제, 자신과 원수맺음

인성은 자아, 인격, 마음, 성품 등으로 나타난다.

그야말로 복잡다기하다.

하지만 미세부분까지 걸러보면 놀랍게도 '공통적인 요소'를 품고 있다.

'주체의식으로 무장하고' '보이는 모든 것에 선악판단을 하며' '자기의 성을 쌓아가는 본성'이 그것이다.

그런데 그 결과는 외형으로 보면 '흥(興)'하는 것처럼 보이나 속은 '망(亡)'하는 것으로 수렴된다.

무엇이 잘못 된 것인가?

이를 비유한 것이 '투사이론(Projection of Theory)'이다.

인간은 자신의 생각이나 욕구, 감정 등을 '타인에게 투사(投射)'하는 경향이 있다.

인성을 타인에게 비춤으로써 '자신의 이익으로 가져가는 이기적 본성'이다.

게슈탈트(Gestalt) 심리학에서는 '무의식적 충동, 감정, 사고 및 태도'를 다른 대상에 보내어 긴장을 해소하려는 '일종의 방어기제'로 투사이론을 설명하고 있다.

투사의 주체는 인성이다.

'감정이나 욕구'뿐만 아니라 '가치관'도 포함된다.

투사의 형태는 두 가지 양태로 나타난다.

먼저, '자신을 보호하고 두둔하며 비난에서 벗어나기 위한 방편'으로 이용하는 경우다.

'미국대통령의 성추문 사건'으로 전 세계가 '충격과 함께 비난의 화살'이 쏟아진 적이 있다.

여기에는 활시위를 당긴 자들의 내면에 꿈틀대는 '성적 죄의식을 감추려는 가증스런 욕망'이 숨어 있다.

다음으로, 상대방에 대한 증오나 적개심, 소외감, 열등의식 등을 투사하여 상대인 그가 자기에게 대해 '동일한 감정을 갖는 것'으로 인식하는 경우다.

'도둑이 제 발 저리다'란 속담과 유사한 의미다.

싫어하는 사람을 보면 '그 사람도 자기를 싫어하고 있는 것처럼 판단'하는 경우이다.

자신의 내면을 거울로 들여다보듯이 그 내면의 상태를 '타인을 통해 반사적으로 인식'하는 것이다.

죽음의 증상을 배태하는 인성은 '투사이론'을 따른다.

끊임없이 '내면에 있는 부끄러운 것'을 감추는 대신 타인에게서 그것을 발견하여 비난함으로써 '자기 안의 악을 희석시키려는 시도'를 한다.

언제나 '손가락 방향은 상대방'이며 그것으로 흠집을 내고 '자신의 선함을 증명'하려 한다.

'소중한 자아'가 손상되면 안 되기 때문이다.

왜 솔직하게 자신을 받아들이지 못하고 타인에게 자기의 부족함을 덮어씌우려 하는가?

맹목적인 '신의 증후군'에 시달리는 자신과 '불화'하고 있기 때문이다.

그 속을 보면 '죽음의 증상을 품고 있는 자아'와 '죽으면 안 되는 자아'가 대치하고 있다.

결국 언제나 '후자가 이기는 것'으로 결론 난다.

쉼 없이 피어오르는 악과 부정, 탐욕 등을 외면하고 '거룩한 자신의 존재'에 상처를 주지 않으려는 '비겁한 욕망'이 뿌리에 박혀있기 때문이다.

'타인을 정죄하는 것'은 '자기가 죽기 싫다'는 반증이다.

'당장의 자존심을 지키는 것'에 우선순위를 두는 자들의 종국은 파멸이다.

'무력하고 패역한 자아를 고백'하고 커밍아웃을 하지 않는 한 '아무리 애쓰고 노력해도 풀어지지 않는 고된 인생'에서 쉼을 얻지 못한다.

신이 되어 설정해 놓은 '자존심 챙기기 프로젝트'가 실은 '자신과 불화하고 원수 맺고 있음'을 알아야 한다.

제2장 인간이 맞은 4개의 독화살

1. 첫 번째 화살, 신이 되려는 욕망

"신이 되고 싶다. 힘든 세상, 부조리가 넘치는 사회, 공부에 묻힌 나를 벗어나게 하는 그런 전능한 신이 되고 싶다."

어느 고등학생의 자조 섞인 독백이다.

아이든 어른이든 '자기중심적 존재관'을 근거로 한 '자아확장 욕구'를 가지고 있다.

이것이 '신의 추구' 본성이다.

주체로 서서 '세상을 주관하고 통제하려는 욕망'이다.

이 거대한 에너지는 용광로가 되어 '죽음의 증상'을 배태하고 있다.

모든 인간은 '신인식(神認識)'이 있다.

'초월적 존재에 대한 추구욕'은 신의 존재를 믿는 경우뿐만 아니라 무신론의 입장에서도 인정한다.

독일 철학자 포이에르 바하는 '신은 인간이 만든 것'이라고 한다.

'하나님은 인간 정신의 소산'이라 하여 '계시와 상관없는 인간의 신인식'을 강조한다.

신은 인간의 유한하고 불완전하며 절대 선이 없고 무능함 때문에 반발로 생겨난 '소망들을 투사한 응집체'라고 한다.

신인식의 확장은 '신이 되려는 데까지 도달'한다.

'존재를 무한으로 확장하여 과시하려는 욕망'이다.

헤겔은 이를 '절대자아 추구현상'이라 한다.

그는 "참다운 것은 전체다. 전체는 자신의 전개를 통해서만 완성되는 본질이다."라고 간파하고 "자아는 기본적으로 팽창한다. 종교나 나를 숭배해야 내 자유가 무한대로 상승한다. 그렇게 왕이 되는, 신이 되는 것이다."라 한다.

누구나 예외 없이 '신 됨'을 증명하려 안달이 나있다.

끝없이 솟아나는 '이기적 자아'로부터 출발한 인간은 '세상의 주인'이 되어 법과 도덕, 양심, 윤리를 만들어 이를 객체화, 대상화시켜놓고 장악하려는 시도를 한다.

이를 통해 타인의 평판, 칭찬을 받아 '상대방과의 차이'를 만들어 '신이 된 자아의 배부름'으로 챙긴다.

왜 누구나 신이 되려 하는가?

'존재의 무능'에 대한 '맹목적 반발심'이다.

그 동력은 '두려움'이다.

갈수록 무거워지는 인생의 짐, 기대를 채우지 못하는 한계상황, 미래의 막연함, 주변에서 일어나는 예상치 못한 사건사고들을 가슴으로 받아들이기가 힘겹다.

'감당할 수 없는 현실' 앞에 남는 것은 불안과 공포다.

거기에 가증스러운 현실의 부조리, 위선, 사회의 부패에 대한 반발심 등도 '신이 되고 싶어 하는 욕구'를 자극한다.

'신이 되기를 추구'하는 인간은 '이익에 수렴하는 사유와 행동'으로 무장한다.

자신으로부터 힘이 빠져나가면 죽는 것으로 여기며 '무엇을 하든 반드시 반대급부'를 취해야 한다.

보상이 물질적인 것으로 돌아올 수 없으면 '정신적인 만족'이나 '타인의 평가', '칭찬'으로라도 가져간다.

제로나 마이너스 항목으로 자신의 대차대조표가 채워지는 것을 용납하지 않는다.

신의 추구는 결국 '자신의 영광'을 위한 것이다.

스스로에게는 '존재의 가치를 높이기 위함'이지만 상대방에게는 치명적인 해악이 된다.

그래서 세상은 늘 '다툼과 경쟁과 시기'가 만연하며 '거짓과 역겨움'으로 가득 차있다.

2. 두 번째 화살, 텅 빈 절대고독의 존재

인간은 태어나면서부터 궁핍과 고독에 시달린다.

그 중에 욕망에 비해 무엇으로도 채워지지 않는 것, 그것이 '존재의 결핍'이다.

프랑스의 정신분석학자인 자크 라캉(Jacques Lacan)은 "나는 어떤 것의 결핍이다. 그것을 애도하고 있는 중이다."라 한다.

애도를 '한 번 죽은 것을 다시 죽이는 과정'으로 보았다.

'없는 자'가 삶을 통해 '자기의 없음'을 확인해 가는 여정이 인생이라는 말이다.

'존재의 한계'를 눈치 챈 자의 독백이다.

'자아만을 챙기는 이기적 욕망'을 갖는 인간은 공허함속에서 괴로워하고 있다.

'생명을 다해 추구하는 노력'에 비해 '지속되지 않는 만족', '영속되지 않는 행복', '너무 짧은 희락'에 허탈해 한다.

헛헛한 가슴을 잡고 항상 '무엇인가 빠져나간 실체'를 감지한다.

잘 되는 것으로 규정한 돈, 명예, 자식, 남편을 통해 해갈하고 '항상 기뻐하는 삶'을 살아야 하지만 '밀려오는 갈등과 불만족'

에 치를 떤다.

가치 있는 것이라고 여기며 구축해 봐도 '있음의 풍족함'을 누리지 못한다.

온 몸을 불살라 쾌락, 아름다움을 쟁취해 내도 '바람과 같이 사라지는 존재감'에 망연자실한다.

간절하게 원했던 새집을 마련한 기쁨이 얼마나 가는가?

전교 1등을 차지했는데 또 걱정하는 자신을 발견한다.

가보고 싶던 여행지를 돌아보아도 그 감격은 오래 가지 못한다.

꿈같은 신혼의 꿈은 길어봐야 몇 개월이다.

그토록 간구하던 승진 소식을 들어도 회식 몇 번 하고 나면 어느새 일상으로 돌아간다.

왜 성취에 대한 감격은 오래가지 못하는가?

일본의 사상가인 모리오카 마사히로는 "인생은 한번 뿐이며 절대 고독하다. 애초부터 존재는 절대 고독하기 때문에 절대 고독한 존재가 아닐지도 모른다고 몸부림치는 일은 그만 두어야 한다. 무엇에 매달려도 무엇을 소유해도, 어떤 권위를 획득해도, 아무리 사회에서 성공을 해도 절대 고독은 달라지지 않는다."고 푸념한다.

도대체 '채워지지 않는 결핍과 고독증세'는 어디로부터 온 것인가?

인간은 바람과 같이 '뻥 뚫 린 존재'이기 때문이다.

살다가 없어지는 '유한의 탈'을 쓰고 있으며 어디에서 와서 어디로 가는지도 모르는 나그네다.

손에 쥔 진리도 없다.

진리는 영원하며 '생명을 낳는 것'이어야 한다.

연수(年數)가 다해 죽는 것은 진정한 생명이 아니다.

그러므로 인간은 '채워짐'하고 거리가 먼 생물체다.

불가능함은 거기에서 그치지 않는다.

'자아에 대한 뚜렷한 존재감'을 댈만한 증거가 없다.

자기 안에 있는 '인성', '마음'이 무엇인지초차도 모른다.

그런 자가 '영원한 희락'을 바란다는 것이 욕심 아닌가.

오히려 무한의 영역인 '절대만족'을 기대한다는 것이 어색한 것이다.

변치 않는 생명도 없는 '빈털터리'가 무엇인가를 끊임없이 채우고 산다는 것도 어불성설이다.

존재의 결핍을 채울 수 있다고 장칼을 차고 싸우면 그것이 '우스운 돈키호테'다.

라캉처럼 차라리 한계를 인정하고 '절대결핍 상태에 있는 것'이 자연스러운 것임을 받아들이는 편이 낫다.

그것이 '존재의 한계에 갇힌 자'의 실존이다.

3. 세 번째 화살, 피할 수 없는 죽음

덴마크의 철학자 키르케고르는 "모든 인간은 '죽음에 이르는 병'에 걸려 있다."고 했다.

세상에 비밀이 많지만 죽음에 관한 것도 만만치 않다.

털어보면 쓸 만한 자료가 별로 없고 '죽음 자체를 실질적으로 논증'해 낸 사람도 없다.

그러다보니 세월이 지나도 비밀은 풀리지 않고 지식의 덩어리만 쓰레기처럼 쌓여갈 뿐이다.

누구나 죽는다. 사는 것이 죽는 것이다.

그런데 이상하게 아무도 '죽어가고 있다는 사실'에 대해 주목하지 않는다.

만물의 법칙인 '늙음과 병듦'을 통해 '이것이 죽음이야'라고 친절하게 안내해주지만 듣는 자가 없다.

그렇다면 죽음은 두려움의 대상이 아닌가?

그렇지도 않다.

막상 죽을병에 걸리면 상황은 달라진다.

'불치병', '간암말기'라는 사형선고를 받고 나면 '극도의 패닉' 상태나 '공포'에 시달리게 된다.

왜 죽음이 공포로 여겨지는가?

먼저, '삶에 대한 집착' 때문이다.

만족을 모르는 인간은 '좀 더 잘 살고 행복하려는 시도'를 끊임없이 하게 된다.

'이루지 못한 꿈'이 있는데 '죽음을 맞이할 여유'가 없다.

반대의 경우도 있다.

'스스로 생을 마감'하는 사례다.

'죽음을 달관'하거나 '삶에 대한 집착'의 다른 모습이다.

'행복을 이룰 자신이 없다는 자괴감'이 목숨을 놓게 만들기도 한다.

다음, 세상이 유지되고 운행되기 위해 누군가 '죽음에 대한 공포심'을 심어 놓은 것이다.

공동체가 무너지지 않고 견고하게 지속되기 위해 인생의 끝을 쉽게 결정하지 못하도록 '방화벽'을 설치한 것이다.

'공포=회피'라는 공식을 본능에 담아두게 하여 '정상적인 생로병사의 길'을 걷게 한 것이다.

삶의 터전이 '반드시 올 죽음'으로 아수라장이 되면 안 되기 때문이다.

'조물주의 기막힌 한수'인 셈이다.

마지막으로, 죽음이 끝이 아니라는 '어떤 교훈'을 주기 위함이다.

'공포'라는 프로그램을 심어 놓은 것은 사후(死後)에 무엇인가 '의미 있는 큰 일'이 기다리고 있다는 것을 예고하려는 배려가 숨어있다.

죽음 건너편에 아무런 스케줄이 없다면 흘러가는 길목에 두려움의 장막을 쳐 놀 이유가 없다.

서산대사는 "죽음은 어쩌면 이 티끌세상을 탈출해서 영원한 자유인이 되는 계기가 될 수도 있다."고 했다.

불교에서는 '열반', '건너가라 그곳에 진리가 있다'라는 언어로 '죽음 너머의 세계'에 대해 언급하고 있다.

거기에서는 깨달음으로 '영생의 존재'가 된다고 한다.

반면에 기독교에서는 '죽음 이후의 세계'를 전제로 인간의 노력이 아닌 오직 신의 손에 붙잡혀 '일방적 은혜'로 '영생'을 얻는다고 한다.

결국 이들에게는 '죽음은 영원을 시작하는 문'이다.

죽음의 의미, '그 후의 세계에 대한 논쟁'과는 별개로 누구도 그 '생물학적인 종말'을 피할 수 없다.

영생을 추구하던 진시황부터 '먼 날을 기약하며 냉동인간을 자초한 선구자들'까지 '죽음의 영역'에 대해 지금까지 인간이 한 일은 거의 없다.

'부인도 극복도 할 수도 없는 상태'로 '풀지 못할 숙제'로 가슴에 안고 불구자처럼 살고 있다.

4. 네 번째 화살, 유한한 땅 지구

"지구와 같은 별들이 수백 개 있다."고 주장하는 천문학자들이 많다.

지구에서 가장 가까운 별이 '4광년 거리'라고 한다.

'빛이 1년 동안 달려가는 거리'가 1광년이니 지구와 같은 별을 찾아가 증명하려면 상상할 수 없는 시간이 필요하다.

사실상 '검증이 불가능한 가설'인 셈이다.

반면에 '코앞에 존재의 증명이 필요 없는 곳'이 있다.

바로 '인간이 밟고 있는 땅'이다.

지구는 신비로운 만큼 하는 일도 많다.

계절은 불변이며 그 질서는 깨지지 않는다.

여기에서 아이를 낳고 짝을 만나 혼인하고 후손을 이으며 역사를 일궈나간다.

우주 밖은 무한광대하고 셀 수 없는 행성과 별은 자전과 공전을 하며 하늘을 수놓고 있다.

어마어마한 공간에서 각각의 객체는 '정해진 프로그램'에 의해 자리를 이탈하지 않고 제 역할을 다하고 있다.

태양은 생물을 위해 빛과 열을 보내 생로병사를 돕는다.

공기는 대기권에만 있다.

그 속의 화학 성분은 인간을 포함한 자연이 생존하도록 잘 배분되어 있다.

그뿐이 아니다.

우주를 돌고 있는 지구의 속도는 시속 1,600킬로미터가 넘는다.

엄청난 속도감에 움직이는 소리는 상상을 초월한다.

그런데 아무도 실감하지 못한다.

마치 나비나 꿀벌이 천둥소리를 못 느끼는 것과 같다.

이상한 나라의 엘리스만큼 오묘한 세계지만 한 가지 공통점을 발견할 수 있다.

'우주의 배열이 세심하게 인간 중심으로 되어 있다는 것'을 알 수 있다.

그런데 아쉽게도 '우주의 시스템'이 손상되고 있다.

인간의 손이 타면서부터 망가지기 시작한 것이다.

초록심장이 개발의 명분하에 사라졌고 산업화를 통해 일산화탄소가 증가되어 오존층이 무너져간다.

핵실험, 석유가스시추 남발로 '단층이동에 의한 지진'이 잦아지고 있다.

최근에 녹아내린 빙하가 인도 만하다는 보도가 있다.

그 밑에 있는 메탄이 드러나 터지게 되면 산성비가 내리고 지상의 생물체는 다 멸종하게 될 것이다.

우주 안에 있는 지구는 영원해야 하는가?

그의 생존여부는 더불어 살아야 하는 생명체, 특히 인간의 입장에서는 매우 중요한 문제다.

인간은 개별적으로는 유한하지만 대를 이어 살아야 하므로 지구는 영원해야 한다.

만약 그렇지 않다면 역사를 이어가야 할 인간도 언젠가 운명적으로 소멸되어야 한다.

서 있어야 할 터전이 영원하지 않다면 그 곳에 사는 존재도 '공멸하는 때'가 오는 것은 당연하다.

지식의 범주로 이해하더라도 '우주는 유한'하다.

시간의 흐름을 타고 있는 모든 존재는 생로병사에서 자유롭지 못하다.

생명체인 우주도 따라서 죽음을 피할 수 없다.

지구의 멸망에 대해 노스트라다무스부터 매년 흉흉한 설이 휩쓸고 지나간다.

과학자들도 앞 다투어 지구의 한계에 대해 경종을 울린다.

결국 인간이 서 있는 곳은 '무너질 모래성'이다.

'영속할 수 없는 존재'가 '곧 사라질 불완전한 실체' 위에 서 있는 것이다.

이런 곳에 태어나 생애동안 무엇을 건지고 가야하는가?

주어진 세월을 보내다 먼지로 끝내는 것이 인생인가?

PART 2

왜 우리는 인성을 이해해야 하는가

달걀은 생명을 품고 있다.

그는 '닭으로 성장'해 세대를 이어가는 것이 궁극적 목적이다.

이를 위해 어미가 다시 품어 병아리가 되어야 한다.

그런데 어떤 사람이 그것을 먹었다고 하자.

그러면 그 알은 자기의 목적을 달성하지 못하고 미완성에 머물고 만다.

'생명을 이어가야 하는 그의 사명'은 좌절된 것이다.

인성도 마찬가지다.

안에 생명이 들어 있다.

'겉모습'에서는 찾을 수 없는 '보이지 않는 내용'이 있다.

알을 품어 병아리가 되듯이 인성은 '깨달음'을 거쳐야 그 속의 '진리인 생명'을 이해하게 된다.

그런데 불행하게도 대부분 인성을 '달걀'로만 본다.

품어 병아리를 생산하려 하지 않고 삶아먹고 끝내려 한다.

그렇게 되면 '인성의 존재목적'을 달성하지 못하고 미완성에 그치게 된다.

지구촌에 만연된 '병적 증상의 뿌리'가 여기에 있다.

인성은 그 자체로 '완성된 모습'이 아니다.

'해야 할 역할'이 남아 있는 '달걀과 같은 존재'다.

달걀이 '생명'을 담고 있듯이 인성도 '내용'을 품고 있다.

따라서 그것이 전부인 양 거기에 매달려 '좋다' 또는 '나쁘다'로 판단하여 행하는 것으로 끝나면 안 된다.

한 발 더 들어가 '인성의 존재목적이 무엇인지'에 대한 '내용'을 알아야 한다.

그렇다면 어떻게 인성을 다루어야 하는가?

'보이는 실상'으로가 아니라 '보이지 않는 중요한 내용'을 지닌 존재로 대접해야 한다.

'깨달음의 대상'으로 삼아 '그 진의'를 알아야지 '행함의 잣대'로 삼고 끝내면 안 된다.

행함의 잣대'란 인성을 표피적으로 관찰하고 '선'은 좋고 '악'은 응징해야 한다'는 등의 교훈에서 멈추는 것이다.

이는 '본질을 벗어난 것'이며 분주함만 있고 효과는 없다.

반면에 '깨달음의 대상'은 '인성이 갖고 있는 목적'을 바라보는 것이다.

그렇게 되면 '본능적인 행동'을 멈추고 '왜 인성이 주어졌지?'라는 단계로 간다.

각성을 통해 '인성의 목적'을 알게 되면 비로소 속에 담겨 있는

'보이지 않는 내용'까지 파악한 것이다.

인성을 통해 '그 속에 있는 내용'을 알면 '깨달음'에 도달한 것이 된다.

이를 '됨의 과정'이란 한다.

각성을 통해 '존재혁명'을 거치면 자연스럽게 '가슴으로 그 진리인 내용'이 된다.

'뇌의 구조가 바뀌고 사유체계가 전환'되며 '세상을 바라보는 눈', '가치관'도 변한다.

됨의 과정을 지나야 '진정한 의미의 행동'이 나온다.

'누림의 과정'이라고도 한다.

깨달음 없이 '부처의 깨우침을 배우자', '슈바이처를 본받자'라는 구호만을 가지고 세상을 변화시킬 수 없다.

반면에 '된 자'의 행동은 전달력'이 생기며 사랑, 관용, 화평 등이 타자에게 올바른 영향력을 끼친다.

본 PART에서는 '인성이란 무엇인가'란 주제로 '인성의 정의', 그리고 '그 안에 있는 생래적으로 바꿀 수 없는 두 가지 요인'과 '그로 인해 드러나는 증상'에 대해 알아본다.

제3장 오해된 자아, 인성이란 무엇인가

1. 카멜레온의 얼굴을 가진 인성

인성은 '그 사람이 가지고 있는 고유의 인품'이며 '삶의 원동력'이다.

마음에 우러난 지(知)·정(情)·의(義)를 모두 동반한 '포괄적 용어'이기도 하다.

인성은 성품, 마음, 성격, 기질, 양심 등을 모두 포함하는 개념이며 영어로는 'character' 또는 'personality'라 한다.

인성을 구성하는 요소는 본성인 '타고난 성품' 그리고 '후천적인 계발에 의해 변모'되어지는 '품성'으로 나눈다.

두 가지가 합쳐져 '한 사람의 인성'이 결정된다.

'태어날 때부터 갖고 있는 성품' 위에 '자아가 형성되면서 개발된 인격, 양심, 품성 등 개인적인 상황'과 여러 가지 '사회적 관계를 거친 변수'에 '다양한 함수의 형태로 화학작용을 거쳐' 인성이 나타나게 된다.

도식으로 표현하면 다음과 같다.

인성=성품(본성)+품성

인성은 진리의 영역이다.

외형은 '그릇'이지만 자세히 보면 '내용'을 담고 있다.

두 개의 레이아웃이 겹쳐있는 모습이다.

따라서 정의할 때 '그릇', 그리고 '그 안에 담겨 있는 내용' 모두를 포괄해야 한다.

먼저, 그릇으로 바라보는 '표피적인 정의'다.

사회적으로 합의하여 규정한 개념과 크게 다르지 않다.

이 관점에서 인성을 정의하면, '개개인이 갖는 고유한 인격으로 인적, 사회적 관계 속에서 형성된 독특한 심리 및 행동양식의 기반으로 선천적 성품과 후천적 품성의 명령에 따라 사유하거나 행위로 옮기는 양태'이다.

다음, 인성이 품고 있는 '내용으로서의 정의'다.

'존재목적의 관점'에서 규정하는 방식이다.

이 시각으로 인성을 정의하면, '인성을 통해 그가 내어놓는 결과가 사회적 공멸을 가져오는 것임을 알아 모든 인간이 자기부인(自己否認)의 길로 가도록 인도하는 일종의 가이드(Guide)이며 표식(Sign)'이다.

여기서 '가이드', '표식'이라 정의한 것은 '그 실체'는 아니지만 그것을 통해 '진짜 내용을 알 수 있도록 안내하는 존재'라는 의미다.

인성은 정의한 것처럼 '두 얼굴'을 가지고 있다.
하지만 둘은 하나다.
어느 한 면으로 보면 '잘못된 진단과 오류'를 낳는다.
따라서 인성을 행위로 붙들어 버리면 안 된다.
그것으로 깨달아 '그 목적에 맞는 존재'가 되어야 한다.
어떻게 하는가?

'하나로 다른 하나를 이해하는 방식'이다.
인성의 '겉모습'을 경험하고 그 속에 들어있는 '내용'을 진리로 깨닫는 것이다.
먼저, 인성의 '표피적인 부분' 파악이다.
인성으로 인해 촉발된 사유나 행동, 예컨대 '미움', '선행', 등을 경험한다.
이 과정을 통해 '인성의 실체'를 알고 '반드시 극복해야 한다는 위기감'을 갖는다.
다음, '인성이 품고 있는 목적'을 각성을 통해 지각한다.
그렇게 되면 하나로 다른 하나를 알게 되어 '인성을 온전히 이해'한 것이 된다.

2. 팔색조(八色鳥) 인성

1) 생래적 의미의 인성

인간이면 누구나 갖는 성품을 '생래적 의미의 인성'이라 한다.

인성을 속속들이 파악하는 것은 만만치 않다.

그렇다고 접근이 전혀 불가능한가?

아니다.

'나타난 현상'을 근거로 내용을 잡아낼 수 있다.

'존재적 가치로 내어 놓는 것들을 객관화하여 카테고리화'하는 방식이다.

예를 들면, '태양이 무엇인가'에 대한 정의를 내리는 경우, 태양에서 나오는 '빛'과 '열'은 '그 본래적 속성'이다.

그것을 파악하여 '태양은 빛과 열을 비추는 물체'라고 정의를 내릴 수 있다.

생래적 의미의 인성도 같은 방식으로 규정할 수 있다.

인간은 '정체성에 대해 무지(無知)'에 빠진 채 산다.

그 결과 메꿀 수 없는 공허함을 달래기 위해 '스스로 멋진 세상을 가꾸려는 시도'를 하고 있다.

주제파악을 제대로 못한 자의 '자기 성(城) 구축 전쟁'의 시도가 '신의 추구'와 '선악 추구'다.

이 두 가지 병은 생래적인 적이며 인식능력이 객관화된 상태에서 본색을 드러낸다.

신(神)의 추구 병

'인간의 신의 추구'는 현재진행형이며 '피할 수 없는 본능'이다.

"무슨 소리? 난 아무 욕심도 없는데…"라는 사람이 있다.

'무욕의 삶', '무(無)소유'를 외치며 장삼 한 벌만 남기고 죽은 사람도 있다.

겉으로 보면 '자기 버림' 같지만 자세히 들여다보면 '신이 되고 싶어 하는 병적 증상'이다.

정말 자신의 존재가 '없음이란 것을 인정하는 사람'은 '그런 추구욕조차도 초월'한다.

오히려 '그런 가치'에 집착하고 있기 때문에 '역(逆)반응적으로 나타나는 현상'이다.

스스로의 노력으로 '신이 되겠다고 하는 욕구'는 항상 '다툼과 전쟁과 분열'을 내 놓게 되어 있다.

'신의 자리를 차고앉은 자'들은 타인을 '자기의 권위에 복종하는 자', '자신의 명예를 높여주는 자'로 상정해 놓고 '지배하려는 본성'을 발휘한다.

힘의 논리, 인과응보, 권선징악을 내세워 겉으로 평화를 내세우고 뒤로 '음모와 술수와 복수와 전쟁'을 꽤한다.

신의 추구는 아무것도 없는 '자신의 존재에 대한 반발적 본능'에서 비롯된다.

어디서 와서 왜 무엇을 위해 사는지도 모르는 '열등의식'이 근원이다.

그런데 유일하게 인식 안으로 포착되고 확보될 수 있는 '자아'가 버티고 있다.

손쉽게 '사유체계로 잡아둘 수 있는 것'을 붙들고 집착하게 된다.

그때부터 실존의 근거를 '자신'으로 정하고 '정체성의 근거'로 삼아 '자아구축 시도'를 한다.

'절대자아 추구'에서 벗어나지 못한 자들은 주인이 '자신'이다.

이들이 신을 부르고 추구한다 할지라도 그것은 '신의 자리로 가기 위한 연극'에 불과하다.

'자신의 유한함'을 '무한한 신의 영역'으로 대체하고 '죄와 악'을 '신의 선함'으로 메꾸려는 '사악한 시도'일 뿐이다.

선악 추구의 병

신이 되어버린 인간은 '선악 추구 병'에 걸린다.

선악판단의 주체가 되어 '선하다 또는 악하다' 아니면 '옳다 또는 그르다'로 구분하는 인식체계를 말한다.

이렇게 선악구분을 하는 속성을 '양심', '자유의지'라 그럴 듯하게 포장한다.

선악체계는 '존재론적인 것'이며 '생존 에너지'다.

인간에게만 있으며 본능에 따라 사는 동물에게는 없다.

선악 추구의 병이 발동하면 서로 상대방에 대해서 '옳다' 또는 '그르다'의 칼날을 들이댄다.

그 즉시 세상은 선과 악으로 갈라진다.

선악체계의 근거는 무엇인가?

신의 추구 욕망과 같이 '존재의 빈곤', '정체성에 대한 열등의식'이 원인이다.

'존재의 무능상태'를 인식한 자들은 '가치를 증명하고 나타내려는 욕구'에 이끌린다.

불완전한 인간이 존재성 챙기기를 위해 돌발적으로 거머쥔 왜곡된 의식이 '선악 추구 병'의 실체이다.

인간은 본래 '선악판단의 주체'가 될 수 없다.

선악판단의 주체가 되기 위해서는 몇 가지가 전제되어야 한다.

먼저, '존재와 정체성에 대한 확고한 기반'이 필요하다. '창조능력'이 있다거나 '초월적 신'과 같은 슈퍼파워가 증명되어야 한다.

그가 선하다고 하면 선하고 악하다고 정하면 무조건 악한 것이어야 한다.

다음, 판단을 받는 자는 '판단자에게 순순히 복종'해야 한다.

이의제기나 반발이 절대 있어서는 안 된다.

그것이 '평화로운 상태'가 유지될 수 있는 '선악판단의 조건'이다.

하지만 두 가지 중 인간은 아무것도 만족시키지 못한다.

먼저, 정체성 우위에 대한 '배타적 능력'이 없다.

누구도 상대방에 대해 절대성을 주장하고 입증할 수 없다.

군주시대에는 가능했지만 일시적 시대정신일 뿐이다.

법과 제도를 통해 묶어둔 것이라도 '언제든지 깨질 수 있는 유리그릇'에 불과하다.

다음, 순복(順服)하는 경우도 마찬가지다.

인간은 자기의 이익이 보장되지 않는 한 복종을 내놓지 않는다.

내면에서 우러나오는 '온전한 수용'은 없다.

선악 판단자들이 들끓는 세상을 상상해 보라.

자신의 판단과 상대방의 판단이 어긋나는 경우 둘 중 누가 옳은가에 대한 '겨룸의 장'이 된다.

상대방을 상하게 하고 욕심을 채우는 원칙은 동일하게 반대 입장에서도 적용된다.

이기적 욕심에 따라 '신의 추구와 선악체계의 총'을 서로의 가슴에 겨누게 된다.

순간 땅은 '제로섬의 원리'가 적용되는 밀림으로 변한다.

인본주의 역사는 '스스로 만든 옥(獄)'에서 빠져 나오지 못한 채 '악순환의 바퀴'를 굴리고 있다.

2) 개인적 의미의 인성

　'개인적 의미의 인성'은 '한 객체로서 갖는 인간됨의 기본 성향'을 말한다.

　개인적 의미의 인성에는 '환경적 의미의 인성', '기질론적 의미의 인성', '감정조절로서의 인성', '성격으로서의 인성', '철학적 의미의 인성'으로 나눌 수 있다.

　'환경적 의미의 인성'은 '후천적인 환경에 의해 형성되는 경우'다.

　'생활 습관 및 사회적 역할'에 의해 인격이 만들어진다.

　그 기반은 자연환경, 태교, 직업, 부모, 이혼, 가난, 형제자매, 가정교육 등이 있다.

　다음 '기질론(氣質論)적 입장'이다.

　기질(temperament)은 '성격을 특징짓는 요소'로 이에 대한 분류는 천차만별이다.

　하지만 고대의 히포크라테스, 현대의 토니 알레산드라의 방식이 대중적이다.

　크게 다혈질(사교형), 점액질(관계형), 담즙질(지시형), 우울질(사색형)로 나눈다.

　이들은 '각자의 특정화된 기질'이 있으며 '기질에 따라 인성'

이 형성된다.

'감정조절로서의 인성'은 각 개인의 특성화된 '인성의 조절과 통제능력'을 말한다.

인성의 다른 측면으로 개인에게 드러나는 '내면의 갈등해결 능력'이다.

슬픔과 기쁨, 분노와 스트레스, 외로움 등 '감정을 관리해 나가는 인성'이다.

'성격으로서의 인성'은 개인의 '환경에 대한 고유한 적응'을 규정하는 '정신 물리적 체계'다.

성격은 '개인이 가지고 있는 고유의 성질이나 품성'이다.

'남과 다른 행동양식'이며 개인을 특정 짓는 '지속적이며 일관된 행동양식'이다.

'철학적 의미의 인성'은 '인간과 우주의 본질'을 근거로 인성을 규정한다.

그 실체를 '물질로 보는 견해'와 '비물질적이며 불멸하는 영혼'으로 보는 견해로 나뉜다.

전자는 '동양사상의 일부'와 '고대철학자들의 사상'으로 사유나 인성은 '물질적 요소'에 의해 영향을 받는다고 한다.

반면에 플라톤, 아리스토텔레스, 칸트 등 대부분의 철학자는 인성을 '본질적이며 진리의 관점'에서 다뤘다.

3) 사회적 의미의 인성

'사회적 의미의 인성'은 '관계에 의해 정의'되는 용어이다.

사람 사이에서 비롯되는 '행복 또는 갈등과 분열의 문제'를 해결하고 '바람직한 공동체 의식을 함양'하기 위한 동기로서 의미를 갖는다.

사회적 의미의 인성은 '공동체의미의 인성', '생활환경의미의 인성', '교육적의미의 인성'으로 나눌 수 있다.

'공동체의미의 인성'은 개인이 속한 '사회집단에 의해 영향을 미친 결과' 나타나는 인성을 말한다.

공동체의 범위에는 가족, 지역, 학교, 직장 등이 포함된다.

'생활환경의미의 인성'은 환경, 고용, 복지, 입시, 분단, 종교분쟁, 빈곤, 마약, 물질만능 등 생활에 '객관적으로 작용하는 환경요소'에 의해 영향을 주는 것을 말한다.

내전, 지진이나 자연재해가 많은 지역주민이 갖는 인성의 피해는 매우 심각하다.

또한 고용이 불안한 시대를 사는 젊은 이, 입시지옥을 경험하는 청소년, 분단과 분쟁지역의 국민, 물질만능 풍조 하에 사는 사람 등 '각각의 환경에 따라 형성되는 인성의 영역'은 차이가 나게 된다.

'교육적의미의 인성'은 '교육을 통해 형성되고 발달하는 인성'을 말한다.

부모로부터 제공되는 태교부터 '밥상머리 교육', 기관이나 단체에서 제공하는 공교육, 사교육, 사회단체에서 제공하는 제반 교육을 통해 '인성의 계발'이 이루어진다.

세계최초로 발의되어 적용되는 '인성교육진흥법'은 매우 흥미롭다.

동법에서 정의하는 인성교육을 보면, '자신의 내면을 바르고 건전하게 가꾸고 타인, 공동체, 자연과 더불어 살아가는데 필요한 인간다운 성품과 역량을 기르는 것을 목적으로 하는 교육'이라고 한다.

인성의 영역을 '제도적 장치'로 해결할 수는 없다.

하지만 중요성에 대해 '국가적으로 공감'했다는 것은 획기적인 일이다.

동법 시행을 계기로 '제대로 된 인성교육'이 확산될 수 있도록 해야 한다.

특히 틀에만 묶인 도덕률, 형식화에 그치지 않고 '사회전반의 의식교육'으로 흡수되도록 힘써야 한다.

그 내용도 본질에 접근한 '자아인식 변혁'을 이끄는 인성혁명교육'으로 전개되지 않으면 안 된다.

3. 인성을 실체로 보는 눈

1) 인성의 체계도

인성은 마음이요 생명이다.

한 개인의 '정체성'이며 '고유한 성품'이다.

그것으로 '자신을 정의'하고 '다른 사람과의 관계'를 형성한다.

인생을 사는 '주체적 자아'로 '자신의 존재성'을 나타내고 인지할 수 있는 유일한 근거다.

인성을 통해 '지혜와 깨달음'이 있고 그것에 의해 '세계관'이 결정된다.

이에 따라 '하는 말'이 달라지며 더불어 '삶'도 달라진다.

'인성=지혜=깨달음=말=세계관'의 등식이 성립한다.

인성을 구성하는 체계도를 만들면 다음과 같다.

세계관, 가치관, 양심 등은 '인성을 둘러싸고 있는 표피'를 구성하며 그것을 기반으로 하여 행동이 표출된다.

본성으로서의 인성은 '신의 추구'와 '선악 체계'라는 공통요소를 갖고 있다.

그 둘은 인간이 맞은 '독화살'이며 '불치병'이다.

본성은 양심이라는 껍질로 감싸져 있다.

겹겹이 세계관, 가치관 등으로 양파껍질처럼 둘러쳐 있다.

그 핵을 중심으로 기질, 성품, 인품, 품성, 인격의 요소가 돌고 있다.

마치 '물질을 이루고 있는 최소입자'인 '원자의 핵'을 중심으로 '여러 개의 전자'가 돌고 있는 형태다.

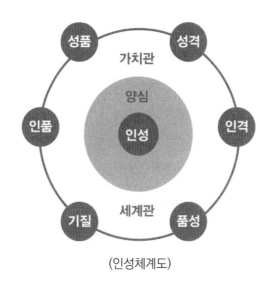

(인성체계도)

이렇게 구성된 인성은 '우주의 존재양식'으로 작동한다.

만물이 '보이지 않는 법칙'에 의해 운행되듯이 인성도 '원리'를 갖고 각각의 인격체에 작용하여 발현된다.

이 인성체계는 사회 환경, 자연 환경, 생활 환경, 공동체 환경, 교육 환경 등과 어우러져 '작용과 반작용, 화학작용' 등을 통해 '무한대의 함수'를 거쳐 결과로 나타난다.

인성은 사랑, 온유, 화평, 절제, 자비, 양선, 평화, 겸손, 친절, 관용, 정직, 성실, 인내, 순종, 감사 등 '인간이 선한 것으로 규정'한 요소들을 갖고 있다.

반면에 교만, 미움, 다툼, 질투, 시기, 분 냄, 원수맺음 등 '악으로 규정한 것'들도 생산한다.

인간의 역사는 이 '인성의 작용과 반작용'의 결과다.

인성은 '선과 악을 모두 포함'하고 있는 '초월적 존재', 즉 '진리의 영역'이다.

인성을 장착한 인간을 통해 '선한 모양'으로 나타날 수도 있고 '악한 것'도 나올 수 있다.

그러므로 인성은 '선과 악을 모두 포함하고 있는 그 자체'로 이해해야 하며 그것으로 '선하다' 또는 '악하다'라는 등 하나로 규정해서는 안 된다.

인성을 통해 선한 모습으로 발현되면 그 사람을 '선한 자'라 판단하고 악한 것이 드러난 경우 그를 '악한 자'라 할 뿐이다.

2) 대상으로서의 인성

대상으로서의 인성은 '행동으로 나타나는 인성을 바라보는 관점'을 말한다.

즉 '자아'가 주체가 되어 '인성을 대상으로 놓고 관찰하는 방식'이다.

'인성이란 무엇인가'에 대한 답을 구하는 때 활용된다.

이는 '자인식'의 기초가 되며 '인성혁명의 시발점'이다.

'인성을 이해하는 것'이 '자신을 아는 것'이며 그것으로 '정체성'을 깨달아 '그 존재'가 될 수 있기 때문이다.

살펴본 대로 인성은 '신의 추구'와 '선악체계'의 본성을 갖고 있다.

본성은 주어진 것이며 스스로 만들어 가질 수 없다.

따라서 '본성으로서의 인성'은 '노력으로 변화시키거나 개선'할 수 없다.

더욱이 그것이 '발현되어 나타난 결과'를 분석하고 고침으로써 '불타는 태양'을 잠재울 수 없다.

인성을 '행동양식'으로 보면 안 되는 이유다.

신의 추구와 선악체계는 '개선대상'이 아니라 '진리로 깨달아야 할 대상'임을 암시하는 것이다.

여기서 '인성의 목적'에 접근할 수 있는 길을 볼 수 있다.

바로 '인성은 왜 주어진 것일까'의 문제이다.

먼저, 본성이 '저절로 목적 없이 생긴 것'이라는 견해다.

이를 뒷받침하는 것이 진화론이다.

생물학적으로 본성이 만들어졌다고 하며 '자연발생적인 것'이라는 논리다.

이 견해들은 '목적성 여부에 대한 고민'을 차단한다.

본성이 물리적으로 만들어 졌다면 '인간이 무엇이며 왜 세상에 나왔는지'에 대한 '존재론적 고민'이 필요 없게 된다.

본서에서는 진화론적 관점을 버린다.

진화론을 따른다면 여기서 글을 멈춰야 하기 때문이다.

한편으로 '이승세계의 저편에 저승세계가 존재'한다는 전제하에 그 세계로 가기 위해 '깨달음의 도구로 주어진 것'이라는 관점이 있다.

'인성의 목적성'을 인정하는 견해다.

인성이 '어떤 목적에 의해 주어진 것'이라는 입장이다.

본서는 이 입장을 채택한다.

인생을 통해 '그 목적이 무엇인지 깨닫고 거기서 빠져 나오는 것'이 '동물과 다른 존재가치'로 본다.

인성의 실체를 알아 그 목적대로 살면 '진정한 의미의 변화를 수반한 행위'가 나오게 된다는 것이다.

3) 관찰자로서의 인성

'인성을 가진 주체'가 되어 '세상을 바라보는 입장'에 서는 것을 '관찰자로서의 인성'이라 한다.

이는 인성을 객체로 놓고 바라보는 '대상으로서의 인성'과 반대의 경우다.

관찰자로서의 인성은 '역사관과 세계관을 구성'하는 중요한 요인이다.

관찰자로서의 인성을 '어떻게 정의하고 행동할 것'인가는 '공동체를 살릴 것인가' 아니면 '전쟁터로 만들 것인가'의 열쇠가 된다.

인성을 통해 '세상이나 타인을 보는 관점'은 두 가지다.

먼저, '신의 추구와 선악체계의 독화살을 맞은 채' 바라보는 관점이다.

'인성이 품은 존재목적'을 깨닫지 못한 채 '생래적 본능'에 맡기는 경우다.

이들에게는 세상은 '자신이 주체가 되어 살아야 하는 곳'이 된다.

그곳에 갇혀 '역사와 인생의 주인이며 발전에 기여해야 하는 짐'을 지게 된다.

이를 위해 꿈을 갖고 성취하기 위해 사력을 다한다.

타인은 경쟁자이며 자신의 행복을 채우기 위해 '필요하면 굴복시켜야 할 대상'으로 본다.

다음, '신의 추구와 선악체계를 벗어버린 상태'에서 바라보는 관점이다.

인성의 실체를 깨달아 그것에서 비롯되는 '자아추구의 욕구'를 버리는 것이다.

'인성을 행동의 에너지로 사용'하고 마는 것이 아니라 그것을 통해 어떤 '깨달음으로 가는 수단'이라고 여긴다.

그렇게 되면 '인성의 목적'을 알게 되고 그 내용이 '그것을 품고 사는 자아의 불가능함과 무력함'을 깨닫기 위해 주어진 '연륙교(連陸橋)'라는 사실을 받아들이게 된다.

이렇게 자기인식이 된 자는 '인성이 내어 놓는 독성의 실체'를 인정하고 받아들인다.

그 주인공이 자신임을 솔직하게 고백하며 '남을 해치는 주체성의 추구'를 멈추게 된다.

'신이 되고자 하는 자아'를 내려놓고 '선악체계의 안경'을 홀홀 벗는다.

이 때 행위로 내어 놓는 헌신, 봉사, 사랑은 남을 움직이며 '세상을 변화시키는 강력한 힘'을 발휘하게 된다.

제4장 인성이 내어 놓는 아픈 증상들

1. 왕 콤플렉스(King Complex)

인성이 개개인에 나타나는 양태를 '인성의 발현(發現)'이라 한다.

인간은 '신의 추구'와 '선악체계추구'라는 치명적인 독화살을 맞았다.

이 증세 중의 하나가 '왕 콤플렉스(King Complex)'이다.

우월적 지위에 서서 남을 지배함으로써 '자기만족'과 '성취감'을 맛보려는 욕망이다.

이 욕구는 '누구나 갖게 되는 지향성'이며 아무리 인성이 좋고 성품이 뛰어나며 선한 사람이라도 벗어나지 못한다.

그 결과 세상은 '송사(訟事)와 정죄(定罪)'가 생활필수품이 되고 '공격자'와 '피해자'로 나뉘는 '비극의 현장'이 된다.

이 콤플렉스를 갖는 자는 '왕이 된 자아의 종'이 된다.

마술에 걸린 듯 어떻게든 '높은 자리로 가야한다는 집착증'에 걸린다.

쉼 없이 목표를 세우고 도전과 성취를 재촉한다.

자아구축, 자존심 챙기기, 판단하고 정죄하기, 허울 좋은 것이라도 선한행위, 형식적 종교행위를 통해 존재감을 키운다.

'원수 맺고 보복하는 것'은 '생존을 위한 일상'이 되며 이기심이라도 '자신의 행복을 위한 것'이라면 정당화된다.

왕의 자리를 대대로 물려가기 위한 '전략적 지침서'도 돌려본다.

마키아벨리는 인간들의 군주 만들기 열망이 얼마나 강한가를 간파하고 다음과 같이 가이드라인을 제시했다.

『군주가 되기 위해서는 짐승과 인간의 성품을 가져야 한다. 자비롭고 신의가 있으며 인간적이고 정직하며 근엄하게 보이는 것이 좋다. 현명한 군주라면 자비로 인한 혼란보다는 잔혹함으로 인한 질서가 낫다. 상대방에게 사랑과 두려움을 적당히 맛보게 해주어야 한다. 둘 중 하나를 버리는 경우에 사랑을 버리고 두려움과 공포로 상대방을 압도해야 한다.』

서점가에서 쏟아져 나오는 수많은 베스트셀러는 대부분 '자신을 살찌우는 방법론에 관한 것'이다.

부자 되기, 강자의 리더쉽, 권력쟁취하기, 경쟁에서 이기기, 역사의 주인공 되기, 이름 높이기 등을 위한 요령으로 가득 차 있다.

정치, 경제, 사회, 문화, 스포츠조차도 어떻게 하면 타인과 겨뤄서 승리하는가에 관심이 집중되어 있다.

전혀 다른 관점에서 왕이 되려는 시도도 있다.

중국의 10대 병법서인 '무경십서'의 내용을 보면 다음과 같다.

『군주는 덕을 열심히 닦고 현자를 받들면서 백성에게 은혜를 베풀고 천도(天道)의 변화를 살펴야 한다. 군주는 마치 높은 산과 같은 모습을 보여야 신하가 그 봉우리를 볼 수 없고 깊은 심연과 같아야 신하가 그 깊이를 헤아릴 길이 없게 된다. 그래야 비로소 지극히 공정하면서도 안정된 통치를 이룰 수 있다.』

여기도 '왕이 되려는 욕구를 가진 자신'이 주인이다.

군주론과 다른 주제 같지만 온통 '지배와 다스림을 위한 전략'이란 점에서 차이가 없다.

동서고금을 막론하고 어떻게든 '군주가 되고 우두머리가 되어야 한다는 것'이 절대명제가 되었다.

낮아짐으로 종이 되어 '타인을 섬기는 것이 선'이라는 내용은 어디에도 없다.

2. 이기적 욕망에 기인한 자기중심주의

　1980년대 미국의 월스트리트에 등장한 '여피(yuppie)족들'이
화재가 된 적이 있다.

　그들에게서 나타나는 미이즘(me-ism)은 '극단적인 자기중심
주의'를 표현한다.

　무책임·무관심·개인주의 등 '눈앞의 이익'이나 '자신의 욕망'을
중시하는 경향을 대변한다.

　최근 청년층 사이에 '욜로(YOLO, you only live once)열풍'
이 불고 있다.

　'인생은 한 번뿐이다'는 뜻으로 '남보다 자신, 미래보다 현재의
행복'을 중시하는 태도다.

　이들은 객관적 상황을 자기이익으로 챙기는 달인이다.

　인간을 움직이게 하는 발원지는 '자신'이다.

　그것으로 자아를 단장하고 성숙시키며 문화를 만들어 그 열매
를 찬양한다.

　이를 자기중심주의, 이기심, 자기사랑, 자기 섬김, 자기애적 욕
망이라 한다.

　'신을 추구하는 인간'은 자신을 자랑하고 싶어 난리다.

　성공하는 지침서가 최고의 인기를 누리는 이유는 '자아성취욕

구'라는 매력 때문이다.

왜 이렇게 너나나나 자신에게 집착하는가?

'뻥 뚫린 상실감'에서 오는 '본능적 반발심'이다.

수단과 방법을 가리지 않고 빈 곳을 채우려는 '목마름'을 동력 삼아 약에 취한 듯 달린다.

그러면서도 '밀려오는 불안과 공포감'을 떨치지 못한다.

무엇으로도 결핍을 채우지 못한다는 것을 감지하면서도 '믿을 자는 자신뿐'이라고 주문을 걸며 구두끈을 묶는다.

인간의 '자아에 대한 집착'은 용광로보다 강하다.

대표적인 현상이 '나르시즘(Narcissism)'이다.

'물에 비친 자신을 보고 매력을 느끼고 감탄하는 인간상'이다.

스스로 자기사랑에 머물지 않고 타인에게 '그보다 자기를 더 사랑하도록 요구'한다.

'자기만을 위해 사는 자들'은 역사 속에서 '존재됨과 주체성 쌓기 경쟁'을 한다.

그 덕에 세상은 '온갖 모양의 경연장'이 된다.

전통적인 힘겨루기는 올림픽으로 자리 잡았고 각종 격투기는 인기 상종가다.

미인대회, 노래, 연기자랑, 먹기 대회, 오지탐험, 극기대회 등으로 한계를 자랑하며 능력과시를 종용하고 있다.

인간의 '자기애'는 죽음도 막지 못한다.

본능으로 흘러들어오는 '자기사랑욕구'는 용광로의 열만큼 뜨겁다.

자기애를 높이는 것이라면 '가난하고 압제받는 이웃을 위해 몸을 불사르는 것'도 마다하지 않는다.

재해현장, 사고현장, 우연히 벌어지는 돌발 상황에서도 목숨을 내놓고 타인을 살리는 경우가 적지 않다.

이렇게 목숨을 버릴 만큼 헌신하게 하는 힘은 어디서 나오는가?

모든 것이 '자기애적 상승욕구'에 기인한다.

조국을 위해 목숨을 바치는 것, 주군을 위해 생명을 던지는 것, 대의명분을 위해 몸을 불사르는 것, 신에게 자신을 바치는 것 등은 모두 자기애의 다른 표현이다.

누군가 그 행위를 칭찬해줄 것, 명분을 알아주고 대대로 이어줄 것이라고 생각하면 그 힘으로 목숨도 포기한다.

이렇듯 '자기중심에 의해 경륜되는 사회'는 비록 행위 하나하나가 선한 것일지라도 궁극적으로 '자아확장의 욕망'을 위한 것일 뿐이다.

그러므로 이들이 '경계선'에서 만나면 '갈등과 비극의 원인'이 된다.

3. 자기 만족의 에너지, 탐욕

탐욕은 '탐심을 근거로 남의 것을 취하려는 욕심'이다.

탐욕의 주체는 '인성을 품은 자신'이며 '자신만을 사랑하는 이기적 욕망'에서 기인한다.

그 대상은 욕망과 현실사이의 차이를 메꿔줄 물질, 권세, 명예, 이미지 등 '주체성을 살찌우는 모든 것'이다.

양심으로 제어한다고 하지만 '불같은 탐심이 억제되는 한계치'까지이며 궁극적으로 누를 수는 없다.

탐욕의 진원지는 어디인가?

'신의 추구 욕망'이 근원이다.

'무한에 대한 집착'은 두려움과 갈증을 낳고 '그것을 채우려는 욕구'가 반사적으로 작동되는 것이다.

탐욕은 '인간의 신의 추구'를 먹고 자란다.

'존재에 대한 공허'를 메꿔 줄 수 있는 것이면 무엇이든 그 대상이 된다.

불교에서는 탐욕을 '삼독심(三毒心)'의 하나로 본다.

번뇌의 착상이요 독사와 같으며 '모든 죄의 근본'이므로 억제하지 못하면 '스스로 멸망의 길'에 들어선다고 한다.

성경은 탐심을 광범위하게 정의한다.

아담이 손을 뻗어 생명나무과실을 따먹으려 하는 것, 즉 '율법을 잘 지켜 구원까지 도달'하겠다는 마음을 탐심이라 한다.

탐심의 가장 보편적 형태가 '맘모니즘(mammonism)'으로 상징되는 '부의추구'다.

맘모니즘은 '재물이나 소유에 대해 절대가치를 부여하는 태도나 행위'를 말하며 물질만능, 배금주의 풍조를 낳았다.

그 덕에 '이익의 무한추구'를 주장했던 자본주의는 종언을 맞고 있다.

지나친 탐심이 폭로되면서 '자본주의는 악이다(capitalism is evil)'라는 오명을 얻고 이는 즉각 반(反)월가 시위로 나타났다.

'권력 추구욕'도 탐심의 산물이다.

홉스는 "인간의 권력추구욕은 죽어야 멈춘다"고 했다.

끊임없는 그 욕망은 언제든지 사회적 합의를 무력화시키고 '권력의 집착'으로 이어진다.

그 결과 독재자가 출몰하고 '법과 질서를 파괴하는 주범'이 된다.

평화의 때는 '정치, 경제, 사회의 장악에 대한 암투'가 판을 치고 전쟁 때는 '힘에 의한 쟁투'가 벌어진다.

'사랑'도 탐욕의 일종이다.

처음에는 소극적으로 상대를 연모하지만 결국 '완전한 소유'를 위한 욕심으로 발전한다.

'질투'도 '소유하고 있는 것을 빼앗기고 싶지 않는 또 다른 욕망'이다.

'이혼'은 탐욕이 낳은 부산물로 '배우자에 대한 소유욕의 좌절'이며 '자기결핍추구의 포기'이다.

탐욕은 '생태계의 파괴'와 '환경오염'으로도 나타난다.

'경제 부흥'이라는 명분으로 '자연의 지배력'을 높였고 무차별 파괴가 정당화 되었다.

'자신의 몸에 독극물을 투여하고 있는 현실'을 자각하지 못한 채 '당장 느끼지 않는 고통을 자기 것으로 여기지 않는 이기적 탐욕'이 '공멸의 길'을 재촉하고 있다.

'종교'도 '불치병을 앓고 있는 탐욕의 발현 현장'이다.

중심이 '나'인 종교는 모두 '탐심의 추구를 위한 인간의 조작물'이다.

스스로 노력하여 무한한 존재인 '신이 되고자 하는 복심'이 숨어있다.

인간이 중심이 된 '선의 추구', '정의로운 사회구축'은 결국 '이기적 욕망을 챙기려는 사악한 본성'이다.

4. 끼리끼리 무리지음

형태심리학의 '군집의 법칙(law of grouping)'은 '무리지음의 속성'을 잘 나타낸다.

이 법칙은 구성요소들이 '독립적으로 존재'하기보다는 '함께 하려고 하는 성향'이다.

1923년 베르트하이머(Max Wertheimer)에 의해 처음 기술되었다.

무리지음의 대표는 고기류다.

물고기가 무리 짓는 가장 큰 이유는 '포식자로부터 잡아먹히지 않기 위한 생존전략' 때문이다.

'자기 우선의식(優先意識)'으로 가득 찬 인간은 필연적으로 '이기심에 근거한 무리지음'을 택한다.

힘으로 안 되면 힘을 합하고 능력으로 안 되면 연합을 꾀한다.

서로를 이용하기 위해 뭉치는 형국이다.

고기류와 다를 바 없다.

이러한 손잡기 현상의 내면에는 '두려움'이 깔려 있다.

당파싸움, 계파싸움, 이합집산은 '인간 군상의 일상'이며 '무리지음의 또 다른 면'이다.

최초의 무리지음은 성경에서 나오는 '바벨탑 사건'이다.

당시 세상 사람들은 같은 말을 하고 같은 낱말들을 쓰고 있었다. 그들은 문명의 지혜로 자신감이 팽배해 있었다.

"벽돌을 빚어 단단히 굽자."

그들은 돌 대신 벽돌을 사용했고, 진흙 대신 역청을 썼다.

서로 하나가 되어 말했다.

"성을 만들고 하늘까지 닿는 탑을 세워 이름을 날리자. 그렇게 해서 우리가 온 땅으로 흩어지지 않게 하자."

그러자 하나님께서 사람들이 세운 성과 탑을 보고 말씀하셨다.

"보라, 저들은 한 겨레이고 모두 같은 말을 쓰고 있다. 이제 그들이 하고자 하는 것은 무엇이든 다 할 것이다. 내려가서 그들의 말을 뒤섞어 놓아, 서로 남의 말을 알아듣지 못하게 만들어 버리자."

이렇게 그들을 여러 곳으로 흩어 버리고 그곳의 이름을 바벨이라 했다.

힘을 모아 하나 되어 '신과 같은 존재가 되자'는 시도가 좌절되는 모습이다.

신의 추구 욕구가 '당 짓기로 나타나는 현장'이다.

정치에 있어서의 정당은 '합법적인 무리지음'이다.

주의(主義)나 주장이 같은 사람들이 '정치적 이상을 실현하기 위하여 조직한 단체'가 정당이다.

이 경우에도 '상대방을 위한 하나 됨'이 아니라 '각자의 욕망을 성취하려는 이기적 의도'가 숨어있다.

정당은 '개인 또는 핵심집단의 이익'이 우선되기 때문에 언제든지 분열될 수 있다.

'사회적 통합력'과 동시에 '사회적 분열력'을 가지고 있다.

'깡패의 편 만들기'도 대표적인 무리지음이다.

'힘을 모아 세력을 강화하려는 욕망'이며 역사도 길다.

전 세계에 걸쳐 크고 작은 갱(Gang)조직이 있다. 이탈리아의 마피아, 일본의 야쿠자, 중국의 삼합회가 대표적인 조직폭력 단체이다.

타임지에서 발표한 20세기에 큰 영향력을 가졌던 20인의 선정된 인물 중 1명인 '찰스 루치아노'라는 사람은 마피아 두목이었다.

찰스 루치아노는 1897년 마피아의 본고장인 시실리 작은 마을에서 태어나 부모를 따라 미국으로 건너왔다.

어린 시절부터 소매치기, 도둑질 등을 저지르면서 범죄의 길로 들어섰다. 여러 활약을 하다가 파이브 포인트 갱단의 정회원이 되면서 알 카포네 등의 동료들을 만난다.

그는 라이벌 갱단인 몽크 이스트맨 갱과의 수차례 전투에서 두 각을 나타냈다.

루치아노는 윤락가를 보호해 주고 대가를 받았다. 그렇게 사업이 확장하여 맨해튼 지역 윤락가의 보스가 되었다.

1920년대 중반, 루치아노는 5,000군데 이상의 매춘업소를 관리했고 밀주사업도 하여 백만장자가 되었다.

깡패에서 사업가 기질을 발휘한 결과 뉴욕의 암흑가에서도 무시할 수 없는 제3의 세력으로 떠올랐다.

우스운 것은 인간의 깡패에 관한 애증이다.

이야기나 소설, 만화, 게임, 영화는 엔터테인먼트 영역의 단골 메뉴다.

학교 깡패문제는 동서고금의 공통이며 바퀴벌레가 멸종이 안 되는 것처럼 해결될 기미가 보이지 않는다.

사사로운 무리지음도 많다.

인간은 둘 이상이 모이면 '연합'하는 속성이 있다.

크고 작은 그룹, 단체, 동호회, 클럽, 동아리, 취미모임, 친목계 등 이해관계가 맞는 사람들끼리 만나는 공간이다.

상부상조의 미덕을 강조하지만 '홀로 있는 두려움과 불안함'을 견디기 위한 생존본능이다.

시대를 더 할수록 그 영역은 확장되고 있다.

IT혁명을 이끌고 있는 소통과 모임 네트워크 기반의 SNS는 여기에 불을 지르고 있다.

인간의 '자기이익에 근거한 무리지음에 대한 욕망'은 이렇게 끝이 없다.

5. 가상현실(Virtual Reality) 추구

  신이 된 인간은 모든 영역에서 '배타적 지배권'을 행사하길 원한다.

  하지만 변화로 다가오는 '감당할 수 없는 현실'에 부딪친다.

  수시로 변하는 유행, 자연과학의 변천, 경기변동, 경제변화, 자연현상도 하루 앞을 내다보기 어렵다.

  혼돈의 세계를 인식 안에 가두고 통제할 수 없는 무력감에 숨는 공간이 '가상현실(VR, Virtual Reality)'이다.

  가상현실은 '가상(假想)'과 '현실(現實)'이라는 모순되는 단어의 합성어이다.

  '실재(實在) 하는 현상'을 가정하여 '현실처럼 인식하는 공간'이다.

  가상공간은 '가상현실의 경험'을 가능케 하는 매개체이다.

  그 공간은 물질적 요소이든 상상력이든 상관없다.

  가상현실 기원은 오래 되었다.

  원시적 의미의 가상현실이 '상상력'이다.

  관념의 형태로 '다른 영역에 대한 현재감'을 갖는 것이기 때문이다.

'꿈'도 의도하지 않은 생래적 가상현실의 일종이다.

설화, 소설, 연극 등도 '일탈을 추구하는 인간의 욕망'을 지켜내고 있는 '인위적 가상현실'이다.

최근에는 IT기술의 발달로 완전한 단계로 진화하고 있다.

NFC, AR, 3D, 4D, RFID, Gamification, ICT기술, 증강현실, 홀로그램 등 '실현 방식의 다양화'도 진전되고 있다.

가상현실이 추구하는 인간의 목표는 '장악'이다.

장악이 불가능한 현실을 도피해 '어떤 환경 속에서 느끼는 실재감(sense of being)'을 맛보는 것이다.

그 느낌에서 지배권을 성취하며 만족을 느낀다.

가상현실을 통해 장소나 자연, 우주 등을 '형식화'하고 '대상화'하여 '통제하고 지배함'으로써 희열감을 갖는다.

무엇이든 캔버스 안에 구겨 넣어 '이룰 수 없는 또 다른 현실'을 가상현실로 메꾸며 '존재의 가치'로 챙겨간다.

가상현실의 추구는 '현실이탈, 가상현실 안주'로 나타난다.

현실은 '자신을 거부'하지만 가상현실은 '자신을 주인공'으로 맞이한다.

4차 혁명의 주인공들은 피할 공간이 많다.

'닥쳐있는 두려움'은 핸드폰이나 게임으로 잊고 '내일의 불안'은 '인터넷 속의 세상'으로 희석시키며 산다.

해방공간인 '인위적 공간 안'에서 신이 되어 '맘껏 자신을 높이고 자랑'하며 우월감을 만끽한다.

가짜현실을 통해 '가질 수 없는 자아'를 넘보며 일시적이지만 '한계가 없는 만족감'도 누린다.

부작용도 만만치 않다.

일탈로 인한 '현실감 상실'의 증상으로 드러난다.

버스나 전철을 타면 모두 '손에 들고 있는 핸드폰 속의 세계'로 들어가 있다.

'현실에 있지만 현실이 없는 세계'를 살고 있다.

이를 통해 고단한 자아를 잠시 잊을 수는 있다.

하지만 곧 '현실도피나 무기력 증세'에 직면한다.

'공간과 시간의 중첩현상'에서 현실감이 떨어지며 사회성이 결여되고 '치명적인 사건사고의 원인'이 되기도 한다.

'다른 차원의 가상현실'도 있다.

종교에서는 우리가 살고 있는 현실이 '꿈'이요 '가상현실'이라 한다.

실재감을 가지고 '무엇인가를 쟁취하고 소유하려는 시도'를 하지만 그것도 깨면 '허상'이요 '환상'이라는 것이다.

'인식과 깨달음'을 통해 '헛된 몸짓'을 멈추고 존재의 '없음'을 깨달아 그 '가상현실'에서 벗어나라고 주장한다.

가상현실을 현실로 여기며 사는 인간의 한계는 끝이 없다.

6. 중독과 집착

세상은 온갖 종류의 중독자로 넘쳐난다.

'존재의 불안함'을 해소할 길이 없어 동원하는 것이 '중독과 집착'이다.

전통적인 술, 마약 등 물질에서 쇼핑중독, 도박중독, 인터넷 중독, 스마트폰 중독 등으로 확장된다.

'공부중독', '결심을 해대는 결심중독'이란 말도 있다.

이를 의학적으로 '행위중독(vehavioral addiction)'이라 한다.

신이 되어버린 인간은 자신을 사랑하다 중독과 집착에 빠진다.

'존재의 궁핍'을 채우기 위해 무엇이든 빨아들인다.

중독은 텅 빈 공허를 추구하는 '자아사랑의 종착점'이다.

'절대적 존재로 설 수 없는 한계'를 알고 '보이는 실체인 자신'에 집착하는 현상이다.

이들은 '해결되지 않는 고독'을 메꾸기 위해 능력을 쌓으며 업적을 생산해 내려고 애를 쓴다.

그렇지만 만족을 얻지 못하는 현실을 버티기 어렵다.

결국 상황에 더 이상 의존하지 못하고 '현실을 잊을 수 있는 외부의 물질'에 몸을 맡기게 된다.

중독의 주인공은 '자신'이다.

'자신의 만족추구 병'이다.

이들은 '내면에 있는 왕'을 만족시키기 위해 애를 쓴다.

'사물과 상황이 장악되고 해석'되어야 하며 '자아가 살찌는 영양분'이 되어야 한다.

하지만 현실을 그렇지 않다.

인생의 목적, 환경, 원하는 일, 돈, 사람, 벌어지는 상황이 맘대로 되지 않는다.

욕망이 채워지지 않으면 분노한다.

불만족, 실망, 화, 원망, 후회, 질투가 마음을 지배한다.

설령 이루어져도 채워지지 않는 고독감을 이길 수 없다.

이때 중독증세가 시작된다.

이러한 상황에서 생기는 '자아사랑의 또 다른 형태'가 '집착'이다.

집착은 '어떤 것에 늘 마음이 쏠려 잊지 못하고 매달리는 현상'이다.

집착도 '자기사랑'의 고질병에서 온다.

집착의 대상은 생각, 자아, 관계, 소유, 과거, 젊음, 재물, 명예, 인기, 생각, 믿음 등 물질과 정신을 가리지 않는다.

자식, 돈, 건강, 권력에 집착하는 것은 '모든 것을 내 것으로 만들고 싶다는 욕망'에서 기인한다.

객관적으로 부러울 것 없고 행복해야 할 것 같은 '성공한 사람들'이 각종 중독에서 헤어나지 못하는 경우가 많다.

성취가 많은 자들이 왜 중독과 집착에서 자유롭지 못한가?

정상의 달콤함을 알면 더 큰 기대감을 갖게 된다.

그러나 절대 욕구만큼 만족을 채우지 못한다.

끝이 없는 '성공욕구'와 '채울 수 없는 공허감'이 더 '생생함'으로 다가오기 때문이다.

반면에 평범한 사람들은 기대치가 작다.

'자신의 한계'를 인정하고 그 상태에 머물 수 있다.

그들에게 중독과 집착의 병으로 인한 치명적 피해는 없다.

중독과 집착은 '존재 결핍에 대한 방황'이 원인이다.

'없음'과 '불만족에 대한 일탈'이 자기애로 나타나며 탐욕, 분노, 어리석음과 맞물려 작용한다.

이 증세는 모든 감각을 순수하게 받아들이는 것을 방해하여 화, 원망, 질투, 후회 같은 '마음의 병'이 된다.

습관이 되어버린 자의식 때문에 '나쁜 감정의 포로'가 됨으로써 '온갖 부정적 감정들'이 자리 잡고 '삶의 희망'을 빼앗아 '우울한 삶'을 살게 된다.

7. 비교의식과 열등의식

  지구촌에서 가장 인성의 활동이 활발한 곳이 한국이다.

  '전쟁을 딛고 선진국 대열에 들어선 나라', '왕성한 교육열', '빨리빨리', 'IT강국', '한류' 등 타이틀이 많다.

  그런데 눈에 띄는 것이 '헬조선(Hellkorea)'란 용어다.

  '지옥 같은 한국사회'란 뜻이다.

  청년실업, 자살률, 노동 강도, 외모지상주의, 각종 성범죄, 부조리가 확연하게 드러나는 곳의 상징이다.

  이밖에 어려운 사회 여건에 따라 취업, 결혼 등 여러 가지를 포기해야 하는 'N포세대'도 있다.

  태어날 때부터 부모 잘 만난 '금수저', 그렇지 못한 '흙수저' 등의 용어로 '우울한 사회의 그림자'를 드리우기도 한다.

  '인성이 활발할수록 병적 증상이 심하게 나타나는 현상'을 어떻게 설명할 것인가?

  '인성의 강한 에너지'가 '자아추구욕구'로 흘러 '자신의 신격화 구축' 현상으로 나타난 때문이다.

  인간은 원래 '없음'이며 '절대적 자아'로 있지 못한다.

  존재성을 찾으려 해도 확실한 자료가 없다.

  자존심이 상한 이들은 '자기'라는 도피처를 만들고 '상대적 존재'로 변신해 '자아구축의 성'을 쌓는다.

　'비교의식의 뿌리'는 '왜곡된 자아인식'이다.
　'왕이 되어야 하는 강박관념에 쌓인 자'들이 '비교의식'의 무기를 장착한다.
　자신의 가치를 높이기 위해 타인을 대상으로 놓고 싸움을 준비한다.
　절대자의 자리를 고수하려면 상대를 굴복시켜 '존재감을 과시'해야 한다.
　힘으로 승리감을 챙길 수 없을 때 의식을 동원해 '상대적 우위'라도 챙긴다.

　비교의식은 '박탈감'과 '상실감'에 찬 패자들을 양산한다.
　'자신을 만족시키기 위한 욕망'이 비교의식으로 발휘되면서 '성과를 챙기기 위한 전쟁'의 결과물이 드러난다.
　'승리를 맛보는 소수'와 '다수의 상처 난 자'로 갈린다.
　이들은 실패의 책임을 자신에게 떠넘기며 경쟁을 두려워하고 회피하는 사회적 루저가 된다.
　이렇게 세상은 '실패한 왕들'이 득실대는 '불만족하고 역겨운 땅'으로 변한다.

　'열등의식'도 비교의식이 낳은 패륜아다.
　'존재의 열등감'이 '거울에 비쳐 반응하는 일종의 반발심'이며

'타인에 비해 부족하다거나 능력이 없다고 생각하는 부정적 생각'이다.

그래서 모든 인간은 열등의식에 시달린다.

비교의식이 존재하는 한 떨쳐버릴 수 없다.

이는 신체적, 사회적, 정신적인 모든 영역에서 온다.

열등의식은 절망감, 무력감을 가져오고 심해지면 우울증, 강박관념을 낳아 자신을 파멸시킨다.

열등감을 만회하기 위해 대체적 수단을 찾아 '맹목적으로 추구하는 욕구'다.

결과가 좋은 경우도 있다.

미켈란젤로의 코는 납작하고 못생겼다. 그 이유는 태어날 때부터 그런 것은 아니고 어떤 사건 때문에 그렇게 되었다.

같이 조각을 공부하던 토리자노라는 친구는 성질이 거칠고 미켈란젤로를 질투하고 있었다. 그러던 어느 날 토리자노는 주먹으로 미켈란젤로의 얼굴을 쳤다.

코가 납작해진 미켈란젤로는 이 때 부터 얼굴에 심한 열등감을 느끼게 되었다.

이에 대한 보상 심리로 그림을 그릴 때도, 조각을 할 때도 얼굴을 균형 잡히게 하고 더 아름답게 만들었다.

죽은 예수를 안고 있는 마리아를 표현한 조각품, 피에타를 보면

여 일그러진 모습인데, 미켈란젤로의 피에타는 마리아의 얼굴이 슬픔에 비해 미인형이고 젊다.

또한 '최후의 심판'에서도 중앙에 있는 예수의 모습은 수염도 없고 부드러운 피부와 탄탄한 몸을 가지고 있다. 결국 미켈란젤로는 자신의 얼굴에 대한 열등감이 위대한 작품을 만든 원동력이 된 것이다.

인성의 왕성함은 곧 열렬한 '자아확장추구의 현장'을 의미한다.

카이스트 교수와 한양대 법학전문대학원 교수 사이의 '헬조선 논쟁'이 눈길을 끌었다.

카이스트 이병태 교수는 "이 땅이 '헬조선'이라고 욕할 때 어려운 시절 고생을 딛고 성장을 이룬 기성세대의 땀을 생각하고 더 이상 응석부리지 마라"고 일침을 놓는다.

이에 대해 한양대 박찬운 교수는 '5천년 역사 최고 행복세대의 오만'이라는 제목으로 "베이비부머세대들은 성장의 대가를 톡톡히 받고 자란 사람들이다. 생에 초반 20년 고생하고 이후 60년을 남부럽지 않게 살 수 있는 세대니 젊은 시절 고생담은 그저 추억일 뿐이다."라고 반박한다.

고난을 밟고 엄청난 경제성장을 이룬 세대와 물질적으로 풍요롭지만 삶은 우울하며 희망이 보이지 않는다는 세대 사이에 튄 불꽃이다.

'헬조선', 'N포세대', '흙수저', '금수저' 논란은 결국 사회적 양극화와 불평등에 대한 비교의식과 열등의식이 엉켜지며 만들어진 왜곡된 현상이다.

PART 3

깨달음, 자인식의 변화가 인성혁명이다

공자 철학 중 '군군 신신 부부 자자(君君 臣臣 父父 子子)'로 대표되는 '정명(正名)사상'이 있다.

나라가 잘 되기 위해서는 '자신의 분수와 명분'에 맞게 살아야 한다는 것이다.

과연 바르지 못한 세상을 '정(正)'이라는 키워드로 바꿀 수 있는가?

그가 말한 경(敬), 예(禮) 등으로 치유할 수 있는가?

인성으로 생긴 병은 '당위적 행위'나 '실천철학'으로 고쳐질 수 없다.

그것은 희망일 뿐이다.

'마술에 걸려 사슴이 된 공주'가 있다.

공주의 슬픔은 왕자가 와서 키스를 해 주어야 해결된다.

인성도 마찬가지다.

주문에 걸려 '사슴이 되어 버린 인성'을 되돌리기 위해서는 그것을 깨고 '존재목적'을 밝혀야 한다.

어떻게 아는가?

'인성 뒤에 숨어있는 진리'를 찾는 것이다.

그 '비밀의 눈'이 깨달음이며 '마술에 걸린 인성'에게 '입을 맞출 왕자'인 것이다.

불행하게도 세상은 공주에게 입을 맞추기는커녕 '엉터리 수단'을 동원하고 있다.

'인성을 발휘하여 존재감'을 극대화하자며 '칼과 창으로 무장'하고 있다.

완전무장을 해제하고 인성 속에 들어있는 '숨겨진 열쇠'를 찾아야 한다.

인간에게는 드러난 현상 뒤에 '감춰진 존재'를 발견하고 '실체로 알아차릴 수 있는 혜안'이 있다.

그것이 깨달음이다.

깨닫는다는 것의 실체는 무엇인가?

인성은 '두 얼굴을 가진 존재'임을 아는 것이다.

'보이는 표피적인 모양'과 '그 속에 있는 또 하나의 얼굴'인 '내용'을 바라보는 눈이다.

'인성의 목적'을 알아 마음으로 간직하여 '그 존재가 되는 것'이 깨달음의 실체다.

즉 인성을 따라 살다가 '자아추구'가 답이 아니고 '자아삭제'가 정답임을 알면 '공주에게 입을 맞춘 것'이 된다.

인성을 '떡과 에너지'로 삼으면 망하고 '자기부인'으로 쓰면 공주를 풀려나게 하는 신통한 힘이 된다.

깨달음의 증거는 '인성의 목적을 알아버린 자아(自我)'다.

'악한 세상을 만드는 인성의 실체'를 알아 '그것이 아니구나'를 눈치 챈 '나'이다.

인성을 가지고 '행복추구'를 했지만 결국 '해를 끼치는 일'만 했음을 인정하고 '나는 아니구나'를 고백하는 것이다.

이것이 '자기부인'이다.

자기부인은 '인성에 묶인 옛 자아'를 버리고 '새로운 인간으로 탄생한다는 역설'을 이해하는 것이다.

이렇게 진리를 깨달으면 '추구하는 주체'가 없어지며 '욕망의 대상'이었던 세상의 것들이 사라진다.

그동안 지겹게 자기를 붙들었던 '선악 추구', '인과응보', '권선징악의 틀'에서 벗어난다.

'신의 흉내를 내던 자리'에서 내려와 '자유자'가 된다.

본 PART에서는 그동안 살펴본 인성이라는 지식의 바탕위에 '깨달음의 단계'로 들어갈 수 있도록 안내할 것이다.

그 주제는 '왜 인성이 주어졌는가', 그 인성을 통해서 '어떻게 죽음의 증상을 치유할 수 있는가'이다.

제5장 인성혁명 방법론

1. 왜 인성이 진리영역으로 다루어져야 하는가

인성은 보이지 않지만 '정체성 궁핍'에 시달리는 인간에게 주어진 유일한 '존재근거'다.

그것으로 의미를 찾아 최선을 다해 살지만 인생은 고단하며 행복하지 않다.

모든 부귀영화를 누린 솔로몬도 말년에 "헛되고 헛되며 헛되고 헛되니 모든 것이 헛되도다."라고 고백했다.

진시왕도 절대 권력을 누렸지만 '생명의 유한함'을 이기지 못했다.

록펠러도 '조금만 더'를 외치며 '재물이 주는 갈증'에 시달렸다.

언제까지 채워지지 않는 갈증 속에 살 것인가?

이를 극복하고 자유로울 수는 없는가?

전 PART에서 '인성이 무엇인가'에 대한 직관적인 답은 찾았다.

하지만 '그것이 왜 존재하는가'에 대한 의문은 해결되지 않았다.

그 영역은 '인성이 낳은 병'을 해결하기 위해 꼭 알아야 하는 '비밀의 문'이다.

문을 열고 들어가지 않는다면 '인성을 제대로 안 것'이 아니며 '지긋지긋한 굴레'에서 벗어나지 못한다.

'인성의 존재목적'을 알기 위해서는 '진리를 이해하는 눈'이 필요하다.

'인식으로 포착되는 껍데기 현상'을 깨고 '알맹이를 찾아내야 하는 능력'이 요구된다.

그렇다면 어떻게 인성을 진리로 볼 것인가?

진리는 가려져 있다.

삶, 죽음, 신(神) 등은 인성과 함께 '진리의 영역'에 속한다.

'보이지 않는 진리'는 '보이는 현상'에 담겨져 있다.

그것은 '그림자와 실체'의 관계, '모형과 원형'의 관계다.

그림자는 반드시 진리인 '원형'으로 밝혀져야 하며 그래야 헛것에 묶이지 않고 자유를 누릴 수 있다.

'진리를 이해하는 논리'는 따져보면 어렵지 않다.

앞에 그릇이 있다.

그 안에 '보이지 않는 진리'가 담겨있다고 하자.

이 때 그릇은 가짜요, 모형이며 그의 유일한 목적은 속에 '숨어 있는 진리'를 설명하기 위함이다.

따라서 그릇인 자기를 보고 누군가 '담겨진 내용'을 알았다면 의무를 다한 것이다.

만약 어떤 사람이 그릇을 보고 깨달음을 통해 그 속에 담겨 있는 '보이지 않는 진의'를 읽어 냈다고 하자.

비로소 그릇은 사명을 다했다.

그렇게 되면 '진리를 이해한 사람의 입장'에서는 그릇과 그 속에 들어 있는 '내용'이 같은 것이 된다.

그릇으로 진리를 알았기 때문이다.

그에게는 모형인 그릇과 그 안에 담겨진 '참'이 하나가 된다.

이것을 '용서', '해방', '자유'라 한다.

그런데 여전히 어떤 사람이 그릇을 모습 그대로 보고 '그 속의 진의'를 깨닫지 못한다고 하자.

그릇은 진리를 잉태하고 있지만 상대방은 이해하지 못하고 있는 것이다.

그렇게 되면 그릇은 여전히 '가짜'에 머물러 있다.

이를 '종(從)의 상태'에 있다고 한다.

그릇의 원래 목적은 '진리'로 읽혀져야 함에도 '가짜'로 존재하고 있으니 그 그릇은 본의 아니게 거짓말쟁이가 되었다.

사람과 그릇, 그릇과 진리 사이가 '불화'하고 있는 것이다.

이 개념은 진리를 이해하는데 매우 중요하다.

모든 '참 내용'은 이와 같은 방식으로 발견하고 깨달을 수 있다.

진리는 보이지 않으므로 인식할 수 있는 '어떤 것'에 담길 수밖에 없다.

그 그릇은 비록 '눈에 보이고 만져지는 것'일지라도 진리는 아니다.

거기에서 멈추면 '가짜'에 머물게 된다.

그렇다고 그릇인 현상이 필요 없는 것인가?

아니다.

진리로 가는 다리이므로 없어서는 안 된다.

진리에 도달하기 위해서는 '깨달음의 눈'을 비쳐야 한다.

각성을 통해 '그 속에 담겨진 의미'를 알아서 '그 목적대로 행동'해야 한다.

인성도 마찬가지다.

그것은 실체가 아니라 모형이며 '진리를 내용'으로 담고 있다.

따라서 '그릇과 실체의 관계'가 성립된다.

그릇을 깨고 그 속에 담겨있는 '보석'을 캐야 인성으로부터 자유로울 수 있다.

그렇다면 참 내용을 설명하기 위해 동원되는 '인성에 있어서 보이는 그릇'은 무엇인가?

인성은 보이지 않지만 '그가 내어놓는 생산물'을 통해 인식할 수 있다.

미움, 시기, 전쟁, 선행, 배려, 사랑 등 우리가 '자각할 수 있는 것들'이다.

명심해야 할 것은 '인성으로 비롯된 결과물'은 모두 진리를 설명하기 위해 '동원된 그릇'이라는 점이다.

그러므로 모형인 결과물, 예컨대 '미움', '전쟁'에만 집중하여 '비난하고 고치려 하는 것'에 멈추면 절대 안 된다.

이들을 통해 속에 담겨있는 '보이지 않는 진리'를 포착하는 것이 중요하다.

그릇의 역할로 주어진 '인성이 내어 놓은 결과물'로 잘 사유하여 '깨달음'으로 가야 진짜 '참 내용'에 도달할 수 있다.

택배아저씨가 가져온 물건에는 관심이 없고 그와 밥 먹고 놀고 있으면 안 되는 것과 마찬가지다.

물건을 수령하여 '그것이 무엇인지 확인하는 것'이 주문한 '소비자의 당연한 태도' 아닌가.

2. 인성혁명의 출발, 왜 인성이 우리에게 주어졌는가

세상을 보는 눈은 두 개다.

하나는 '보이는 형상' 그대로 보고 느끼고 그것으로 '희로애락을 경험하는 눈'이다.

이들은 사시사철을 체험하며 '정교하게 돌아가는 우주의 시계추'에 감탄한다.

붉은 저녁노을을 끼고 시원한 바람을 맞으며 자전거 페달을 밟는 여유로움을 즐기기도 한다.

한편으로 또 다른 눈이 있다.

보이는 실체 뒤에 숨어있는 '진짜 내용을 바라보는 것'이다.

'진리의 눈'이라고도 한다.

현상 뒤에 '보이지 않는 진짜 실존'이 있다는 사실은 의학과 과학으로 증명되고 있다.

불교에서도 '만물은 보이지 않는 실체'인 '브라만의 투영인 허상'이라고 한다.

기독교에서도 세상은 '구원을 설명하기 위해 잠시 동원된 모형'이며 '원형인 실제'가 따로 있다고 한다.

이 모든 것은 '보이는 것이 전부'라는 고정관념을 깨고 '새로운 눈'을 가져야 함을 시사한다.

인성의 경우에도 두 개의 눈이 있다.

인성을 단순하게 주어진 본능으로 받아들이며 '그것이 요구하는 대로 충실하게 사는 것'이 첫 번째 눈이다.

'그릇 속에 담긴 내용'을 보지 않고 '그릇만 바라보는 관점'이다. 불행하게도 대다수가 가는 길이다.

그렇게 되면 십중팔구 '인성으로 비롯된 결과'만을 보게 되고 그 지식의 바탕 위에 '인성을 잘 갈고 닦아 자아성숙을 이루라는 것이구나'로 잘 못 가게 된다.

그럴 듯하지만 엉뚱하게 병을 진단해 매스를 들이대는 것과 같다.

반면에 두 번째 눈의 소유자는 '인성에 숨어 있는 목적'을 알아 '그 속에 들어있는 진의'를 밝히고 '그 목적대로 사는 경우'다.

그릇만 보고 매달리는 것이 아니라 '그릇 안에 들어있는 내용'을 이해한 경우다.

이들은 '인성이 우리에게 행한 것이 무엇인가'를 정확하게 본다.

그리고 '인성으로는 안 되는 것이구나'를 깨우친다.

껍질을 깨고 안의 열매를 맛보는 자, '인성혁명에 참여할 수 있는 자'가 된다.

이 길을 가는 것은 쉽지 않다.

극심한 '자기부정의 과정'을 거쳐야 하기 때문이다.

이들은 '인성대로 행하는 길'에서 돌이켜 깨달음을 통해 '존재의 불가능함을 아는 자리'로 간다.

자연스럽게 첫 번째 눈으로 보았던 모든 '가상의 것들'을 털어내는 '존재혁명'을 경험한다.

이제 '왜 인성이 주어졌는가'를 추론해 보자.

이것을 이해하는 것이 '인성혁명의 출발점'이다.

'혼돈의 시대'를 치유할 수 있는 '새로운 가치관' 정립의 기회이다.

이것도 '두 개의 눈을 가진 자의 비유'와 같다.

먼저, 위에서 지적한 '첫째의 눈을 가진 관점'이다.

인간은 '인성대로 추구하며 살도록 주어진 존재'라는 견해다.

자신의 존재이유도 모르는데 '인성이 왜 주어졌는지' 어떻게 알 수 있냐는 것이다.

이들은 필연적으로 본성대로 행동한다.

현상을 둘로 나누어 '선과 악으로 갈라 정죄'하며 산다.

수시로 터지는 사건 등에 대해 '응징과 함께 교육하고 개선'하여 해결하려고 한다.

어리석게도 '인성의 껍질만 보는 것'이며 '악순환의 고리'에서 벗어나지 못한다.

다음, 두 번째 눈을 가진 경우다.

인간은 '인성대로 추구하며 살면 망한다'는 견해다.

대신 인성에는 목적으로서의 '내용'이 담겨 있으며 그것을 잘 분별해 '엉터리로 보아 생기는 나쁜 결과'로부터 '해방시켜야 한다는 입장'이다.

인성을 통해 '인간이 누구이며 얼마나 불가능한 존재'인지에 대한 자아인식을 하는 것이 '인성의 목적'이라는 것이다.

인성으로 '발현된 증세'는 '진리를 발견하도록 동원된 모형'이며 따라서 그것에 묶이지 말고 '담고 있는 진의'를 알아야 한다고 한다.

인성의 발현현상을 보고 그 속에 들어있는 '인성을 안고 있는 인간의 한계와 종국'을 이해하고 '자신의 불가능을 인정'하라는 메시지를 깨닫게 된다.

즉 인성이 요구하는 대로 살아보다가 '이것이 아니구나'를 알고 '인성을 품고 있는 나는 불가능한 존재구나'를 자각하는 것이다.

그것이 인성이라는 그릇에 숨어 있는 '참 내용'에 접근 한 것이며 '온전하게 존재목적을 판단'한 것이다.

3. 인성의 실체와 효용은 무엇인가

송광사의 법흥 스님은 "늙고 죽는 이 육신은 가짜 나, 가아(假我)입니다. '진짜 나', '실아(實我)'를 찾는 공부를 해야 합니다. 사람들은 재산, 권력을 좇으며 싸우고 사기도 칩니다. 그러나 그런 건 죽을 때 못 가져갑니다. 간절히 공부해 생사해탈하는 것만이 유일한 내 재산이에요."라 했다.

세상은 '모형'이요 '생사해탈'의 진리만이 영원하다는 말이다.

이를 산속의 구도자만의 외침으로 받아들여서는 안 된다.

유치원을 다니는 아이나 학교에서 공부하는 청소년, 21세기를 살아가는 모두가 가슴에 새겨야 한다.

지금까지 인성의 실체를 알기 위해 '왜 인성이 주어졌는가'를 주목했다.

그것으로 '인간의 한계'를 알아 '존재의 무력함'을 깨닫고 '인성의 부인'으로 가라고 한 것이었다.

인성의 목적은 그것이 무엇인지 알아 '인성이 내어 놓는 것들로부터 해방'되도록 한 것이지 엉뚱하게 다른 길로 가서 인성을 에너지 삼아 '자아를 살찌우고 존재성을 높이'라고 한 것이 아니다.

이렇게 명확한 이해를 했다면 '인성의 목적'을 제대로 깨달아 '진리의 존재'가 된 것이다.

사실 인간은 보이지 않는 진리를 '담을 그릇'이 없다.

'진리는 현상을 초월한 것'이며 반대로 '인간은 현상에 묶여 있으니' '그것을 초월한 어떤 것'을 받을 능력이 없는 것은 당연하다.

하지만 깨달음의 능력을 가진 '생명의 존재'이므로 반드시 진리를 가져야 한다.

어떻게 할 것인가?

일단 진짜는 아니지만 '인식가능 한 그릇' 안에 '보이지 않는 진리'를 넣는 방법밖에 없다.

'유한의 인간'은 '자기의 능력 범위 안'에 있는 '인식할 수 있는 그릇을 경험'하고 '이것(그릇)이 아니고 그것(진리, 내용)이구나'를 아는 것이다.

'선'을 알 수 없는 자에게 '악'을 경험하고 '그것이 아닌 것'이 '선'임을 깨닫게 하는 방식이다.

인성 안에 담겨진 '내용'도 마찬가지다.

먼저, 인성을 경험하고 그 실상을 알아 그것이 아닌 '인성부인'의 길로 가면 된다.

인성으로는 '선한 세상을 만들 수 없음'을 자각하고 '그 반대의 것'을 취하는 것이다.

해보고 '이것(인성)이 아니고 그것(자기부인)이구나'를 깨달으면 '진리'를 아는 것이다.

인성을 물고 '그것의 한계와 불가능'을 알게 된다면 인성이라는 '모형'을 통해 '원형인 내용'을 깨달은 것이며 그것으로 '진리의 존재'가 된 것이다.

그것이 '인성의 참 기능'이다.

이렇게 진리를 이해하면 다음 단계로 '해방'을 경험한다.

'인성으로는 안 되는 것이구나'를 알면 '인성을 품은 자신의 무력함'을 받아들인다.

그것을 '자아가 죽었다'라고 한다.

인성에 대해 죽은 자는 '죽음=없음'이므로 '인성과 무관한 자'가 된다.

죽은 자는 인성이 없으니 '죽음의 증상을 내어 놓던 인성으로부터 해방'을 경험하는 것이다.

인성의 알맹이였던 '자기부인'을 알면 '껍질인 인성'은 역할을 다해 더 이상 그에게 쓸모가 없는 것과 같다.

깨달을 수 있도록 동원된 '그릇으로서의 인성'과 '그로 인해 나타난 현상들'은 그 목적을 완수했기 때문에 더 이상 그에게 필요 없게 되는 것이다.

이를 구체적으로 적용해 보자.

인성으로 발현되는 미움, 다툼, 시기, 사랑 등이 있다.

이들은 그릇이며 가짜이고 역할이 배달부다.

그 자체로 전부가 아니라 '전달할 것을 지니고 있는 모형'이다.

따라서 그것으로 '해야 한다', '하지 말아야 된다' 등으로 행위의 기준을 삼는데 그치면 안 된다.

배달부와 씨름하고 있으면 안 되는 것과 같다.

얼른 그가 가져온 물건을 받아 '그 물건의 내용물'을 확인하는 것이다.

그 내용물의 실체는 무엇인가?

인성과 그것으로부터 발현된 미움, 다툼, 시기, 사랑 등을 경험하며 이들은 모두 '자아성취', '자기이익'만을 위해 사용되고 있으며 '세상을 어둠으로 몰아가고 있는 원흉'임을 아는 것이다.

이것들로는 '세계평화는커녕 자신과의 화해'도 가져올 수 없으며 그것을 내어 놓는 '나도 불가능한 존재'임을 자각하는 것이다.

그것이 인성이 가지고 있는 실체인 알맹이다.

그렇게 되면 미움, 다툼 등의 모형은 자기의 역할을 다했기 때문에 '자기부인' 된 자에게 더 이상 필요 없다.

이를 '자유', '해방'이라 한다.

'인성부인의 혁명적 결과물'이다.

인성의 목적을 제대로 이해하여 '자기부인' 된 자는 '다른 차원의 삶'을 살게 된다.

가장 먼저 '세계관과 가치관'이 변한다.

인성을 동력으로 살던 자신을 떠나 '인성=0인 인생관'을 갖게 된다.

'역사발전과 문명'은 모두 인성을 힘 삼아 '자아성취'를 하기 위한 '헛된 노력의 산물임'을 자각한다.

다음으로 인성에 얽매어 있던 자기로부터 벗어나게 된다.

종전에는 사랑, 미움, 갈등이 전부인 것처럼 그것으로 희로애락을 결정하며 살았다.

하지만 인성을 넘어 그 안에 들어 있는 '인간의 불가능과 한계'를 공감한다.

기독교에서 말하는 예수가 그 삶을 산 자의 전형이다.

그는 신(神)임에도 신성을 부인했다.

세상에서 털끝만큼도 자기 뜻대로 살지 않았다.

'자기의지=0'으로 놓고 완전히 자기부인 된 상태로 왕성하게 주어진 생을 보냈다.

병든 자를 고치고 죽은 자도 살리며 능력과 권세와 자랑을 취할 수 있었음에도 1%도 자기 의의로 가져가지 않았다. '자기 없음'으로 무력하게 죽었지만 오히려 '새 창조의 모퉁이 돌'로 우뚝 섰다.

자기부인의 위력은 이렇게 엄청나다.

4. 어떻게 인성을 부인할 것인가

　보이는 세계는 '보이지 않는 어떤 힘'에 의해 인도되고 끌려간다.

　그것이 만물의 법칙이다.

　따라서 '눈에 보이는 것'과 '귀에 들리는 것'이 전부라 생각하면 오산이다.

　이들은 사실은 '실체'가 아니고 '모형'이다.

　즉 어떤 '원형=진리'를 설명하고 있는 '그릇'에 불과하다.

　모형을 통해 '보이지 않는 힘'을 찾아내야 하는 것이 '인간의 실존적 과제'다.

　인성도 예외가 아니다.

　'인간의 존재양식'이지만 그것이 전부가 아니며 '원형인 내용'을 품고 있는 '모형'이다.

　그 모형은 어떤 모습인가?

　인간의 삶에 나타나는 사랑, 자비, 온유, 미움, 시기 등이며 그것으로 '드러난 현상들'이다.

　이같이 편만하게 퍼져있는 '죽음의 증상'을 포함해 역사, 문화 등 인성을 품고 만들어 놓은 모든 것들이 '어떤 내용을 설명하는 그릇'임을 눈치 채야 한다.

인성혁명은 '그 내용인 원형에 도달'하는 것이다.

인성의 껍질에 매달려 '행동양식'으로 사는 것이 아니라 속을 알아 '존재양식'이 되는 것이다.

'이렇게 살자, 저렇게 살자', '이것은 옳고', '저것은 틀리다'가 아니라 그것으로 '불가능한 자아'를 깨달아 '얽매임에서 풀려나는 것'이다.

세상에 드러난 인성의 결과물들을 통해 '존재목적'을 깨달으면 '자유로운 삶'을 누리게 된다.

묶여 있는 삶은 어떤 것인가?

인성의 표피적인 것에 매달린 삶이다.

종전에는 인성에 따라 살며 드러난 결과물을 '두 마음'으로 판단하고 정죄하며 '자신의 존재성'을 챙기며 살았다.

인생살이는 '적과의 동침'이며 행복은커녕 마음의 평화는 없었다.

하지만 '아! 그것으로 일희일비하지 말고 자아의 불가능을 깨달으라고 한 것이구나'를 알면 다른 차원의 '존재혁명'을 경험하게 된다.

이를 '인성부인'이라 한다.

이 과정은 '변혁'을 요구하는 것이라 쉽지 않다.

어떻게 인성을 부인할 것인가?

먼저, '대상을 바르게 이해하는 단계'로 가야 한다.

인성은 '진리의 영역'이며 행동을 통해 '바꾸거나 개발하는 대상'이 아니며 '깨달음의 대상'임을 알아야 한다.

'인성=진리'라는 단순한 사실을 아는 것이다.

인성은 또한 그 자체로 중립이다.

그 결과가 '이기심의 도가니'이며 '자기자랑쟁탈전'으로 나타나더라도 '목적을 알게 한 것'이면 악한 것은 아니다.

하지만 여전히 목적에 다다르지 못하고 현상에 묶여있으면 역할을 못 한 것이며 '그것이 진짜 악한 것'이 된다.

다음, 인성을 깨닫는 단계이다.

'인성의 목적이 무엇인가'를 아는 것이다.

이를 위해 '표면'으로 보지 않고 '내용'으로 읽는 눈을 가져야 한다.

'모형'으로 드러난 것으로만 이해하고 대처하면 '그 현상'에서 벗어나지 못한다.

그것으로 기뻐하고 즐거워하며 '채워지지 않는 행복'에 목숨을 건다.

하지만 현상 속에 들어있는 내용을 알아 '자아'가 죽으면 인성에 묶이지 않으며 나쁜 것에서 벗어날 수 있다.

인성을 지닌 채 자신의 배만을 채우며 사는 존재의 한계를 알고 '자아의 불가능함'을 인정하는 자리로 가게 된다.

세 번째, 자아인식 단계이다.

'존재에 대한 자각'이다.

'인성과 나는 무슨 관계인가'를 아는 것이다.

인성을 발휘하며 살지만 결국 '자기만을 위해 사는 이기적 존재'임을 알게 하는 것이다.

'인성을 장착한 자신'은 끊임없이 '신이 되려는 욕망'을 멈추지 않고 '선악판단의 안경'을 쓰고 남을 정죄하며 산다는 것을 인정한다.

비록 선한 행위와 자선을 내어 놓더라도 '자신을 위한 선택'이었고 결코 '이익에 반하는 쪽'으로 가지 않는다는 '한계'를 고백한다.

네 번째, 진리를 알아 '마음에 가지는 단계'이다.

'인성을 누리는 자의 행복'을 아는 것이다.

'인성이 무엇이며 왜 주어진 것인가'를 알면 그것으로 '진리의 존재'가 된 것이다.

그 자는 팔팔하게 살아서 칼을 휘두르는 길에서 돌이켜 '자기부인'의 자리로 가게 된다.

'나는 아니야'를 아는 것이 죽는 것이고 '자기부인'된 순간 '자기와 인성은 무관한 사이'가 되어 '인성이 나에게 저질렀던 악행'에서 벗어날 수 있게 된다.

석가는 왕손으로 태어나 부귀영화를 버리고 고행과 참선을 함으로써 열반의 경지에 올랐다.

인간은 '실체'가 아니고 '일시적인 존재'라 하여 '없음'의 경지에 까지 다가갔다.

하지만 유언에 "네 자신과 진리를 등불로 삼고 살아라. 다른 것을 의지하지 마라"고 한 것을 보면 '자아의 완전한 죽음'인 '자기부인을 근거로 열반에 이른 것'은 아니다.

자아가 살아서 '신이 되려는 욕구'가 여전히 존재한다는 점에서 인성혁명의 방향과는 조금 다른 길을 간 경우다.

'존재의 한계'를 '자기부인'과 연결하지 못한 점이 아쉽다.

'인성부인 단계'를 거치면 새로운 '생명의 존재'가 된다.

그것을 통해 '보지 못했던 것'을 보고 '인식하지 못했던 것'을 알 수 있게 된다.

종래에는 '인성으로 나타난 현상'을 보고 개선하려는데 그쳤지만 전혀 다른 길, 즉 '자아의 불가능'을 깨닫는 길로 간다.

자기부인의 길에 서면 더 이상 '주장하고 욕망하는 자아'가 없게 된다.

진정한 '자기와의 용서'를 경험하며 '인성의 굴레'에서 벗어난다.

누리는 자유가 흘러넘치게 되어 대가 없이 '이웃을 사랑하는 자리'에 선다.

제6장 인성혁명 기반으로서의 세계관 정립

1. 인성과 철학

지구촌 사람은 언어가 제각기 다르다.

한국말만 가진 사람은 미국 사람의 말을 알아듣지 못한다.

그 안에 '영어라는 공통의 언어'가 없기 때문이다.

인간도 어떤 '지식', '지혜', '깨달음' 등을 소유하였는지에 의해 그 사람이 결정된다.

그것이 있는 사람은 없는 사람과 전혀 다른 삶을 산다.

아이들에게 영어보다 먼저 '지혜'나 '진리'를 교육해야 하는 이유다.

인성도 마찬가지다.

'인성을 어떻게 이해하는가'가 깨달음의 출발이다.

사람마다 그 '진의'를 서로 다르게 새길 수 있다.

그러면 각자가 '다른 말'을 가진 것이고 '공통의 이해관계'를 갖지 못한다.

어떤 사람은 인성을 드러난 것만 보고 '잘 함양하여 인류공영을 위해 살자'고 하는 사람이 있다.

하지만 어떤 사람은 '인성이 품은 의미'를 알아 그것을 발휘하며 사는 것이 오히려 '인류평화를 해치는 것'임을 알아 '인성을 죽이자'고 주장한다.

둘은 '정 반대의 세계관과 가치관'으로 살게 된다.

인성에 대한 '철학적 접근'이 필요한 것은 '어떤 진리를 가지는가'에 대한 눈을 갖기 위한 것이다.

물론 철학으로 진리의 영역인 인성을 모두 파악하기 어렵다.

그렇지만 그 관점에서 바라보지 않으면 문 밖에 머물게 되고 문제를 풀길이 없다.

인성은 진리의 영역이다.

진리는 그것을 겉으로 알면 '노예'가 되고 속 내용으로 알면 '자유자'가 되는 속성이 있다.

그 속에 '숨겨진 내용'을 알면 '잘 못 간 길'을 되돌릴 수 있다.

철학은 그 점에 대해 무거운 책임감이 있다.

철학이란 '진리를 사랑하는 것'이다.

그것을 통해 '진리의 영역'인 인성을 사유할 수 있다.

어떻게 접근하는가?

철학의 출발은 '보이는 것'에서 '보이지 않는 것'으로 눈을 돌리는 것이다.

현상에 머물러 '행위의 기준'을 삼는 것에서 '한 차원 벗어나는 것'이다.

대신 그 현상 뒤에서 지배하는 '보이지 않는 진리의 영역을 보는 눈'을 갖는 것이다.

인간은 '스스로 왕이 되어 있는 자신'을 감지하지 못한다.

더 나아가 '대상을 선악으로 판단'하여 '자기 이익'으로 취하는 '사악한 속성'을 자각하지 못한다.

철학적 관점에서는 이러한 본성에 대한 '근본적 물음'을 던져야 한다.

'왜 인간은 스스로 왕이 되어 자신의 존재성을 높이기 위해 싸우는가', '그 근원인 인성이 무엇인가', '왜 인성이 우리에게 주어졌는가' 등의 의문을 품어야 한다.

현상을 바라보고 그 '원인에 대해 사유해야 하는 것'이 철학의 본분이기 때문이다.

동양철학 또는 동양사상은 공자를 중심으로 한 '유가'와 노자를 중심으로 한 '도가'로 대표된다.

이들은 자연주의에 기초하여 '초월적 존재'를 부인한다.

자연자체가 자생력과 번식력, 창조력을 가지고 있어 '스스로 탄생과 변화와 성숙'이 일어난다고 믿는다.

이렇듯 동양사상은 '눈에 보이는 것'에 갇혀있다.

진리의 영역에는 관심이 없는 '반쪽짜리 철학의 범주'를 벗어나지 못한다.

여기에다 '진리로서의 인성'을 묻는 것은 의미 없다.

서양철학도 꽉 짜보면 '자신과 신(神)과의 갈등 역사'다.

초월적인 존재를 인정하지 않는 '자연주의'와 신을 인정하는 '신본주의 부류'를 기반으로 한다.

동양사상과 흡사한 자연주의는 모든 것은 물질에서 시작해서 물질로 끝나며 '형이상학적 존재나 영역'은 없다고 주장한다.

인간이 죽게 되면 바로 소멸되며 따라서 이 땅에서 '잘 먹고 잘 살고 무한 성공'을 쟁취해 내야한다고 한다.

여기에서도 '인성의 진리측면'을 해결할 수 없다.

반면에 신본주의는 세계관이 '신 중심사상'이다.

'만물이 신에 의해 창조되었다'는 사상을 기반으로 한다.

전통적 신본주의는 '인간의 존재성과 가치성'을 부인한다.

세상의 중심이 '인간이 아니라 신이라는 사상'이다.

이들에게 인간은 원래 '흙', '없음'이었다.

그런데 은혜로 생명이 되어 '신의 영역까지 도달하는 복 받은 존재'다.

'왜 인간이 이 땅에 사는가'에 대한 답도 제시한다.

세상이 만들어지기 전부터 신은 '자신과 인간이 영원히 사는 나라'를 언약했다는 것이다.

천지와 역사도 그 나라 백성에게 '구원의 과정'을 설명하기 위한 목적으로 만들었다.

따라서 인생의 여정은 '자신의 원래 자리'와 '신이 누구'인지, '왜 창조를 통해 세상을 살게 했는지'를 배우는 과정으로 본다.

'인성을 진리로 파악'하는 관점은 '전통적 신본주의'에서 비로소 열리게 된다.

세상은 그냥 던져진 것이 아니라 '목적에 의해 존재'하는 것으로 본 것처럼 인성도 '어떤 목적에 의해 주어졌다'는 인식의 눈을 갖게 한다.

철학은 만물을 지배하고 다스리는 영역을 사유의 대상으로 놓고 '나는 누구인가'에 대한 의문을 해명하지 못했다.

마찬가지로 '인성이 가지고 있는 진의'를 알아 말로 갖도록 안내하지 못했다.

그러나 탐구에 대한 지평을 열고 계속 돌을 던지고 있다는 점에서 그 희망의 끈을 놓아서는 안 된다.

2. 인성과 종교

　인간은 비록 시간과 공간에 갇혀 살지만 '무한의 영역'을 추구한다.

　그 산물이 철학과 종교다.

　물론 '철학은 종교의 시녀'란 말처럼 '철학으로 진리의 영역을 조명'하는 데 한계가 있다.

　거기에서 종교 쪽으로 좀 더 이동한 것이 '종교철학'이다.

　종교철학은 현상, 자연의 원리, 절대자의 계시 등을 탐구대상으로 하고 있어 '진리의 규명 가능성'은 그만큼 크다.

　그렇다 하더라도 인성은 진리의 영역이므로 이를 이해하려면 '절대자', '초월적 존재'를 다루는 종교의 마당까지 가야한다.

　'종교란 무엇인가', '왜 종교가 탄생했는가'에 대한 물음은 '인성이 무엇인가', '인간이란 무엇인가'의 수준과 맞먹는다.

　모두 보이지 않지만 현상계에 영향을 미치고 있는 '형이상학적 영역'이기 때문이다.

　종교와 인성과의 상관관계, 즉 겹치는 부분을 규명하기 위해서는 '종교에 대한 명확한 이해'가 전제되어야 한다.

　종교의 정의는 크게 둘로 나눌 수 있다.

먼저, '초월적 존재에 대한 경외감' 등의 심리상태에서 바라보는 관점이다.

도저히 '포착하고 장악되지 않는 영역'에 대한 신성감에 기초하여 종교를 정의한다.

이 경우 인간이 중심이다.

다음으로 '신이나 절대자와 인간의 관계'에 의한 정의가 있다.

이때는 신이 중심이다.

'신의 뜻'이 '인간의 뜻'을 장악한다.

그에 의해 천지가 만들어지고 인간이 창조되며 역사가 경륜된다.

종교는 결국 '인본주의냐 신본주의냐'로 갈린다.

인간의 가능성을 놓지 못하고 끝까지 붙드는 것이 '범신론'이며 '인본주의'다.

범신론은 고대 헬라철학, 플라톤의 이원론, 영지주의 등과 거의 같다.

불교, 유교, 이슬람교, 유대주의, 율법주의, 성화주의 개혁기독교, 기타 비슷한 유형의 모든 종교가 여기에 해당한다.

무신론도 결국 '자신을 신앙하는 종교'의 일종이다.

범신론의 대표인 불교를 보자.

불교는 '절대적인 존재'인 인간이 주인공이다.

수도정진을 통해 '지혜를 얻어서 그 존재로 귀속되어 극락의 세계로 건너가는 것'을 추구한다.

이들은 세상을 '허상'이라 정의한다.

따라서 '보상이나 성과'를 바라지 않는다.

보신, 보시를 하며 계명을 어기지 않고 도덕, 윤리, 사회법을 지키며 욕심, 탐심을 부려 타인을 해하면 안 된다고 가르친다.

'인본에 기초한 성화주의 개혁기독교'도 맥락이 같다.

자기 힘과 노력으로 구원에 이르기 위해 열심히 수행, 정진한다. 선행과 기도를 통해 상급을 받아 '차별된 영생'을 사는 것을 추구한다.

이런 면에서 불교와 크게 다르지 않다.

'캘빈의 5대강령'을 따르는 개혁기독교는 전혀 다르다.

여기서는 인본주의가 배제되고 신이 주인공이다.

그가 '생명'이며 '생명은 곧 말씀'이며 그 말씀으로 진리로 깨달아야 구원에 이른다.

인간은 원래 생명의 존재가 아니라 '없음'이다.

거기에 하나님이 성령을 불어넣어야 진짜 생명으로 거듭난다.

율법을 통해 '죄'를 알고 '자아 없음'의 자리로 가면 '무엇으로도 정죄할 수 없는 차원의 구원'에 이르게 된다.

종교는 '신의 영광을 위해 사는가' 아니면 '사람의 영광을 위해 사는가'의 문제다.

신의 영광보다 사람의 영광을 더 추구하는 것은 기독교 이외의 종교다.

반대로 '사람의 영광은 삭제'당하고 오직 '신의 영광만을 위한 것'이 정통 기독교다.

인성과 종교는 어떤 관계가 있는가?

인성은 마음이며 본성이자 진리다.

그 실체를 들여다보면 '신의 추구'와 '선악체계'에 갇혀있다.

누구나 자기가 신이 되어 판단자로 서려고 한다.

선악과를 따 먹은 아담과 하와의 모습과 같다.

눈앞에 보이는 사물이나 상대방을 선악체계로 구분하여 자기 이익으로 챙긴다.

'인성의 본질'과 '범신론적 종교의 행위추구'는 너무도 흡사하다.

둘 다 '자신이 신이 되어 주체로 행세'하려는 점에서 판에 밝은 듯 똑같다.

인성을 안고 '역사의 주인공'으로 사려는 모습 속에서 '정진하여 신이 되겠다고 하는 범신론의 모습'을 볼 수 있다.

결과도 대동소이하다.

이들이 경륜하는 역사는 필연적으로 '욕망이 배설한 산물'로 가득 찬 세상을 만든다.

온통 '죽음의 증상들'로 채워져 있으며 고해, 고통의 바다로 감지된다.

종교에서는 이렇게 잘 못된 세상을 어떻게 바꾸는가?

해결책을 제시하는 방식은 조금 다르다.

범신론을 따르는 종교에서는 '현상을 주목'하고 '문제점을 발견'하여 수도정진을 통해 해결하려 한다.

이 때 주인공은 사람이다.

그렇게 해서 내어 놓는 것이 '양심을 거스르는 행위를 하지 말고 율법을 지키며 고행을 통해 욕망을 극복'해야 한다고 한다.

달라이라마를 비롯해 간디, 테레사수녀, 종교단체에서 주장하며 내놓는 이웃사랑, 선한 행위 등은 '병든 세상을 치유하는 수단'이며 '인간이 반드시 해야 할 규범'이라고 한다.

반면에 '정통 기독교 사상'에서는 자아가 죽어 '신의 자리에서 내려오는 것'을 강조한다.

인성이 저질러놓은 증상 속에서 '인간의 불가능'을 배우라고 한다.

여기서는 인간의 정체성을 '없음'으로 본다.

'인간의 존재성'을 근본에서부터 부인한다.

그러므로 엉뚱하게 신이 되어 '자신의 자율성, 주체성과 존재성을 찾으려 하는 것은 부적절하다'고 한다.

'인간이 무엇인가'라는 질문에도 '원래 없음인데 하나님의 은혜로 생명의 존재가 된 자'라고 대답한다.

이렇듯 종교의 장에 올라와야 '인성에 내재된 진리의 영역'을 마음대로 확장하여 다룰 수 있다.

인성이 진리로 해석되고 깨달아지기 위해서는 '인본주의 영역'을 벗어나 '신본주의 영역'으로 가야한다.

'역사와 인간이 목적에 의해 창조'되었듯이 '주어진 인성도 어떤 목적 하에 주어진 것'임을 알 게 된다.

'인성이 왜 주어졌는가'의 문제도 쉽게 다가갈 수 있다.

선악과를 먹고 신이 되어 저질러놓은 죄악을 보고 '인간의 실체'를 깨달으라고 한 종교를 거울삼을 수 있다.

인성이 주어진 것은 '신의 추구와 선악체계의 칼을 휘두른 결과가 역사 속에서 어떻게 나타나는지를 생생하게 확인'하고 '자기부인'의 길로 가라는 것임을 짐작할 수 있다.

그 깨달음을 바탕으로 '자신은 인성으로 영광을 챙기는 자가 아님을 인정'하고 '더 이상 왕이 되어 남을 판단하고 정죄해서는 안되는 것'을 받아들이라는 것이다.

3. 인성과 과학

2011년 유럽공동입자물리연구소(European Organization for Nuclear Research)에서 "빛보다 빠른 중성미자를 발견했다."고 발표했다.

이는 '어떠한 물질도 빛보다 빠를 수 없다'는 아인슈타인의 '특수상대성이론'을 기각하는 것이다.

질량을 가진 중성미자가 빛보다 약 60나노초 빠르다는 실험결과가 나왔다는 것은 '현대물리학의 기초'를 파괴하는 엄청난 이론인 셈이다.

지금까지는 '눈에 보이는 현상'에 대한 발견과 밝힘에 그쳤다면 미래의 과학은 '보이지 않는 실존'을 규명하는 것으로 확장되고 있다.

물리학과 화학의 발달로 '모든 물질의 구성요소'가 최소단위인 '원자'에서 출발한다는 것을 알았다.

흥미롭게도 딱딱한 물질을 구성하고 있는 원자라도 미시세계로 들어가 보면 '활발하게 움직이고 있다'는 것도 규명했다.

'미물에서는 운동'하지만 '거시적으로는 움직임이 없는 물체'로 감지된다는 것이다.

더 놀라운 것은 원자를 구성하고 있는 전자와 원자핵은 회전하지만 실은 '감지가 안 되는 '99.9% 진공'이란 점이다.

'텅 비어 있다'는 얘기다.

비어 있는 원자가 모여 물질을 이루고 있으니 '실체는 없음'이라는 것이다.

이로서 만물의 모든 것이 눈에 보이고 만져지지만 실상은 '아무 것도 없는 공허한 것'임이 드러났다.

그런데 왜 형태의 모양과 내용으로 보이는가?

'법칙과 원리' 때문이다.

'비어있는 원자'에 법칙이 적용 되어 '모양과 내용'을 갖게 하는 것이다.

따라서 일상에서 경험하는 물체가 모양, 형을 갖는다고 해서 '원자세계의 입자가 나름의 모양과 특징을 가진 것'이 아님을 알 수 있다.

'모양은 있으나 내용은 없다'는 것이다.

색깔의 경우에도 형형색색으로 보이지만 '그 물질이 스스로 빛을 소유'하고 있는 것이 아니다.

'어떤 빛을 반사하느냐'에 의해 색깔이 결정되는 것이다.

'색깔이 반사된 빛'으로 판단하거나 '감각을 통해서 감지된 기하악적 형태'를 '모양'이라고 하는 것이다.

종합하면 '모든 물질은 모양으로 존재하지만 실상 없는 것'이다.

대신 보이지 않는 '법칙과 원리'를 근원으로 하고 있는 것이며 그것이 빠지면 그냥 신기루다.

그렇다면 진짜 존재하는 것은 없는가?

아니다.

눈으로 인식하여 '있다고 믿는 것'은 알고 보면 허상이지만 진짜 존재하는 것은 '보이지 않는 원리'임을 알 수 있다.

현대물리학은 현상계를 움직이는 어떤 '보이지 않는 밝혀지지 않는 힘'에 몰두하고 있다.

'보이는 실체'에 '보이지 않는 어떤 힘'이 작용하고 있음을 눈치 채고 있다.

그 결과 '인과율에 붙들린 아이슈타인'을 버리고 그것을 초월하는 '양자물리학'을 붙들었다.

양자현상은 '원자크기의 세계에서 일어나는 물리현상'이다.

이 세계는 '물질세계의 법칙과 원리'가 적용되지 않는다.

다른 차원의 세계와 '상관관계'로 얽혀 있기 때문이다.

이를 '양자 얽힘(quantum entanglement)'이라 한다.

이 현상은 고전물리학에서 상상할 수 없는 일이며 아이슈타인의 특수상대성원리도 기각된다.

양자물리학에 의하면 '물이 사람의 생각, 글에 민감하게 반응한다'고 한다.

또한 물은 '말에 일정한 패턴을 가지고 반응'하며 죽고 살기도 한다.

에모토 마사루의 '물은 답을 알고 있다'에서 물의 결정 사진을 통해 물이 말과 글씨, 음악 등에 따라 영향을 받고 있음을 밝혔다.

말과 글씨, 음악 등이 에너지가 되어 영향을 준다는 일종의 '파동이론'이다.

애주가로 알려진 고은 선생은 "나도 술이 좋고 술도 내 몸을 좋아하니 어찌 건강에 해로울 수 있으리"라 했다.

뼈 있는 농담이 아닐 수 없다.

과학의 눈부신 활약으로 보이는 세계는 '있는 것처럼 보이나 텅 빈 것'임을 밝혔다.

그것이 원형이 아니라 '모형'임도 머지않아 드러나게 될 것이다.

보이지 않지만 실제로 존재하는 '원형'의 세계가 있다는 사실을 규명하는 날 아마 '철학=종교=과학의 통합'이 가능해 질 것이다.

만물은 부단한 활동을 통해 변하지만 진리는 보이지 않으며 변치 않는다.

따라서 '나타난 현상'만으로 판단하여 그것으로 '생존에 승부를 거는 것'은 매우 위험한 발상이다.

'보고 인식하는 것'이 전부 실체요 사실이라고 생각해서는 안 된다.

눈앞에 있다고 해서 그것이 실체가 아닌 것이다.

그렇다면 끝이 있는 한시적인 세상에서 '공허한 것으로 가득 차 있는 현상들'을 어떻게 바라볼 것인가?

모형의 세상에서 배울 것은 '깨우침', '교훈'밖에 없다.

거기에서 아무리 좋은 문화와 업적을 새겨놔봐야 '모형'을 벗어나지 못한다.

세상은 모델하우스와 같다.

그곳에서 원형인 '진짜 집이 어떤 것인지' 알고 나가면 된다. 정착하여 번영을 꽤하려 한다면 어리석은 짓이다.

눈치 빠른 사람이라면 세상이 '어떤 가르침을 위한 교육현장'이란 것임을 짐작할 수 있다.

인성의 경우도 실상을 지배하며 '역사의 글쓰기를 하는 에너지요 주인공'이다.

하지만 그것이 전부가 아니다.

인성도 모형이며 그것을 통해 알아야 할 '내용'이 있다.

없음의 인간에게 '무형으로 담겨진 인성'을 통해 진리를 배우지 않으면 망한다.

과학의 영역도 이를 돕기 위해 '그 역할이 무엇인지' 꼼 씹어야 할 때다.

4. 인성과 의식

인성은 마음이요 의식이다.

의식이란 '개인의 심리적 활동'을 총칭하며 '물질세계와 비 물질세계를 반영한 지식, 감정, 의지의 정신작용'을 말한다.

'잠재의식'이라는 개념도 있다.

이는 개개인에게 '자각되지 않은 채 작용되는 정신'의 영역이다.

자신의 행위에 대하여 자각이 없는 상태인 '무의식'과 큰 차이가 없다.

인성이 발현된 것 중에 '왕의 추구와 선악체계의 안경'이라는 불치병도 '잠재의식'이나 '무의식'의 영역에 더 가깝다.

'의식혁명'을 쓴 어빈 라슬로(Ervin Laszlo) 등은 "의식은 물질의 부산물이 아니라 오히려 근본이다. 시간과 공간을 넘어 존재하는 우주정신의 징후이자 현현이다."라고 한다.

의식을 인간 객체를 넘어 '절대의식'이나 불교에서 말하는 허상인 세상의 실체인 '브라만' 등 진리의 근원으로 보는 경우다.

인간은 세계의 일부로 타인, 자연, 우주와 긴밀히 연결되어 있고 '결국 이들은 하나'라는 인식이다.

이를 통해 자기중심적인 자아의 한계를 뛰어넘어 '영성적인 자아'로 나아갈 수 있다고 한다.

의식의 '진정한 본성'을 깨닫고 '물질주의를 의식에서 끌어내리자'는 것이다.

책의 서평에서는 인성, 즉 의식의 중요성에 대해 다음과 같이 지적했다.

"내일을 위해 오늘을 희생하는 우리의 삶, 하지만 정작 내일을 성취해도 공허하기만 하다. 행복을 위해 물질적 풍요를 추구하는 삶. 그러나 아무리 넉넉해져도 행복은커녕 불만이 끊이지 않는다. 이처럼 성장주의와 배금주의에서 쓴 맛을 본 사람들은 정서가 불안하고 우울증에 빠지고 각종 중독에 시달린다. 그런 삶에서 도태된 사람들은 더더욱 그렇다. 이 같은 현대병의 근본원인은 무엇일까?"

한편 데이비드 호킨스 박사는 그의 책 '의식혁명'에서

"모든 것이 다른 모든 것과 연결되어 있는 이 우주에서 우연이란 존재하지 않는다. 그 무엇도 이 우주를 벗어날 수 없다. '원인의 힘'을 보이지 않고 결과만이 명백하게 관찰되므로 '우연한' 사건들의 환상이 있을 뿐이다."라고 했다.

그는 의식에도 수준이 있으며 '그것에 의해 인생이 좌우 된다'고 주장한다.

의식을 단계별로 수치화 하고 '깨달음'을 가장 높은 단계로 올려놓았다.

그 수준은 영적 완성자의 단계로서 '몸을 입고 도달할 수 있는 최고봉'이라 평가한다.

'인성과 의식의 관계'는 무엇인가?
인성의 영역은 깊고도 넓다.
인성에는 '무의식적인 본능'이 주어져 있으며 의식은 그를 이해하고 밝히는 '영감의 요소'가 강하다.
호킨스 박사는 개개인의 마음은 '거대한 데이터베이스에 연결된 컴퓨터 터미널'과도 같다고 한다.
이 거대한 데이터베이스는 '인류의 의식세계 자체'이고 자신의 의식은 단지 모든 '인류의 공통된 의식'에 뿌리를 둔 '데이터베이스의 개인적인 표현일 뿐'이라고 한다.
인간이라는 존재는 그 '데이터베이스에 참여'한다는 것을 뜻하며 모든 사람은 탄생하자마자 '데이터베이스를 열람할 수 있는 자격이 생긴다'고 한다.

인성과 의식은 결국 같은 것이다.
개개인이 의식을 소유하지만 이들은 서로 연결되어 있고 일종의 '거대의식(巨大意識)'의 형태로 존재하고 있다.
의식에 대한 보편적인 견해를 보면 그것이 본질적인 것이며 잘 다루고 연마하면 '높은 수준의 의식수준'에 접근할 수 있다고 한다.
의식에 의해 '깨달음 수준'으로 도달할 수 있고 '물질에 자유로움'을 누릴 수 있다는 것이다.

이는 의식을 표피적인 것으로 관찰한 결과다.

이들은 의식도 인성과 같이 '어떤 존재목적이 숨어 있다'는 것을 눈치 채지 못했다.

의식도 외견상 거대한 동력으로 작용하지만 인성이 그런 것처럼 일종의 '모형'이다.

모형은 원형을 품고 있다.

'모든 것으로 모든 것에 연결되어 있는 의식'을 통해 그 속에 들어있는 '내용'을 알아야 함을 시사한다.

그것이 '모형이 가지고 있는 속성이며 목적'이다.

따라서 '의식의 무한확장 등으로 신성화하는 것'은 자칫 모형이 전부인 듯 오해할 수 있다.

예를 들면, 의식을 갈고 닦아 '신의 경지에 이르려는 시도'는 어리석다.

이는 마치 인성을 수단으로 '자아확장'이나 '주체성의 노예가 되는 것'과 같다.

모형은 '그가 담고 있는 진리'를 드러내야 의미가 있는 것이지 그것으로 원형을 변형시키거나 개선시킬 수 없다.

아무리 좋은 것이라도 원형에 도달하지 못하면 엉뚱한 과녁에 화살을 쏜 것이다.

의식은 인성과 함께 '존재양식'을 이룬다.

이를 품은 모든 인간의 생각과 사유가 사라지지 않고 '데이터베이스에 저장'되고 만물에 영향을 미치고 있다.

그 결과는 모두가 바라는 것처럼 아름다운 세상이 아니다. 왜 그런가?

의식은 이제 그 원인을 밝히는 데 집중해야 하며 결과를 내어놓아야 한다.

의식을 갈고 닦아 '자아구축'의 도구로 삼으려 하지 말고 그것으로 '현상계를 넘는 다른 차원의 또 다른 세상'이 있음을 아는 것이 중요하다.

그것이 호킨스 박사가 말한 '깨달음'이며 '의식의 존재이유'다.

제7장 인성혁명과 가치관

1. 불치병 치유를 위한 두 가지 처방

인성은 양귀비와 같다.

잘 쓰면 '약'이지만 오용하면 '마약'이 된다.

인성을 에너지로 삼아 '행위'로 붙들면 사고가 난다.

대신 '그것이 무엇인지 잘 알면' 자유를 누릴 수 있을 뿐만 아니라 병도 고칠 수 있다.

'인성을 오해'하여 벌어진 '비극의 현장을 접수'하고 '재창조'하는 것이 '인류가 해결해야 할 무거운 숙제'다.

이를 위해 준비운동으로 두 가지 '가치관의 정립'이 필요하다.

'고아의식'과 '나그네 의식'이 그것이다.

이 둘은 '네 개의 독화살을 맞은 자', '두 개의 불치병을 앓고 있는 자'에게 꼭 필요한 치료약이다.

고아의식

고아의식이란 이 땅에 '자신을 보낸 존재를 알 수 없다는 인식'을 말한다.

즉 '존재의 부모를 잃고 산다'는 자각이다.

'나는 누구인가', '세상에 왜 왔는가'에 대한 고민이다.

모든 인간은 '고아의식이 본성으로 각인'되어 있다.

누구는 '발현되어 인식'하며 살지만 누구는 그렇지 않다.

후자의 경우가 대부분이며 그 증세는 '공허와 불만족' 속에서 '헛것을 추구하는 것'으로 나타난다.

고아의식의 저항으로 나타난 것이 '주인의식'이다.

인생의 주체가 되어 '장악하며 살아야 한다'는 신념이다.

고아의식과 주인의식은 한 사람의 마음에 공존하며 '진리의 경계선'을 넘나들고 있다.

인성대로 행하면 주인의식이 고아의식을 삼킨다.

반대로 진리를 깨달아 '자기부인'이 되면 주인의식은 사라진다.

대부분 인성을 배터리로 삼아 교묘하게 '고아의식을 주인의식으로 대체'하며 산다.

고아의식을 '절대자의 추구'로 해결하려는 시도가 이른바 '신의 추구'다.

'자기를 믿는 것'을 포함한 모든 '범신론적 종교관'이 여기에 해당한다.

반면에 신에게 모든 것을 맡기고 '자아의 주체성'을 주장하지 않는 정통 기독교는 고아의식을 해결했다.

신본주의 종교에서는 신이 '인간을 포함한 우주'를 창조했다고 믿는다.

원래 '없음'이었는데 은혜로 '존재'가 되었음을 안다.

이들이 전적인 '자기부인'의 자리로 간다.

고아의식을 회복한 자들은 '자아인식'이 뚜렷하다.

인간은 '존재성 자체가 모호'한 동물이며 무엇으로도 '실존의 주인공'이 될 근거가 없다는 것을 받아들인다.

그 인식을 바탕으로 '눈에 보이는 세상'을 전부로 쌓아왔던 병적 증세를 해결하지 않으면 이 땅은 희망이 없다는 '위기의식'을 갖는다.

나그네 의식

　나그네 의식이란 '세상은 영원히 머무를 곳이 아니란 사유체
계'를 말한다.
　잠시 왔다가 '무엇을 배우고 가는 곳'이란 인식이다.
　이들은 빈손으로 와서 빈손으로 가는 타향 땅에 정붙이지 않으
며 주인행세도 하지 않는다.
　어떤 업적이든 다 '헛된 것'이라는 생각을 한다.
　죽음 후에 원래 있었던 '집으로 돌아갈 것'을 안다.

　나그네 의식을 갖기는 쉽지 않다.
　'현상을 넘어야 하는 문제'이기 때문이다.
　세 가지가 충족되어야 한다.
　첫째는 자아인식이다.
　인간의 '불가능함과 한계'를 아는 것이다.
　'맹목적으로 역사의 주체가 되려는 어리석음'을 인정하며 그 치
료를 위해 '본성을 삭제시켜야 함'을 안다.

　둘째는 '세상의 업적도 영원한 것이 아니라는 인식'이다.
　지구상의 존재는 '멸망의 때'에 모두 사라짐을 감지한다.
　이집트 파라오의 왕들이 불멸을 추구하며 문명을 만들었지만

먼지가 되었다.

'시간과 공간의 것들은 때가 되면 소멸된다'는 사실을 받아들인다.

'땅 아래의 것을 궁극적인 것으로 여기는 일체의 시도'를 멈춘다.

셋째는 '존재에 대한 목적의식'이 있다.

땅은 잠시 있다가 그냥 사라지고 마는 곳이 아니며 '내용'을 담고 있음을 안다.

세상은 '드러내야 할 무엇'이 있는 배움터다.

그 무엇은 바로 '교훈'이다.

학교에서 '성취와 업적과 빛나는 공로'를 쌓는 것이 아니라 '배움을 얻고 나가면 된다'는 지혜가 생긴다.

수단의 슈바이처라 불리운 고(故) 이태석 신부는 '인성의 불치병'을 극복한 인물이다.

그는 고아의식을 종교로 해결했다.

자신의 '없음'이라는 잔에 전쟁과 기근과 질병으로 얼룩진 수단의 아이들과 주민들을 채웠다.

존재가 삭제된 채 '땅의 가치'를 추구하지 않았으며 '자신의 것으로 챙길 것 없는 나그네의 마음'으로 살았다.

영광과 자랑을 챙기는 사랑이 아니었기에 자연스럽게 '타인의 인성을 변화시키는 힘'으로 작용했다.

2. 인간, 더 이상 역사의 주인공이 아니다

인간은 불쌍한 존재다.

'목적 없이 던져진 돌맹이'처럼 어디에서 왔는지 모른다. 그럼에도 '본향도 모르는 애통'은 찾을 수 없다.

어디로 가는지도 모른다.

설상가상으로 '존재의 근원'도 모른다.

'뿌리 없는 나무'와 같다.

입양아로 자란 스티브잡스는 죽을 때까지 '정체성에 대한 고민'을 버리지 못했다.

'누구나 죽어야 한다'는 답답함도 해결할 길이 없다.

이 세상은 잠시 왔다 비워주어야 하는 셋방이다.

'왜 태어났는지'도 알 수 없다.

존재목적을 알아야 꿈을 갖고 의지를 발동하여 성취하려는 힘이 생길 것 아닌가.

그렇다고 '변하지 않는 진리'를 붙들고 사는 것도 아니다.

그야말로 바람 불어 오고 사라지는 먼지와 같다.

주어진 시간동안 살아가는 인생은 어떤가?

잘 살려고 애쓰고 있지만 힘들고 어렵다.

주위를 보면 모두가 달리고 있다.

덩달아 그들의 뒤를 쫓느라 자신을 돌아볼 여유가 없다.

지혜와 노력을 부어 쌓아놓은 것들은 궁극적인 만족을 주지 못한다.

출세하고 명예를 얻고 부자가 되어 보석으로 궁궐을 치장해도 결국 두고 떠나야 한다.

이런 바탕을 가진 자가 어떻게 진정한 의미의 '삶의 목표'를 가질 수 있는가?

마치 '너희는 무엇을 해낼 존재가 아니야'라는 메시지를 담고 있는 것 같다.

'야망이나 꿈'은 '근원에 대한 근거도 모르고 사는 자'들의 발악에 불과하다.

'자신이 누구인가에 대한 기본적인 것'도 해결하지 못하고 불나방처럼 어디를 향해 무작정 달려가고 있다.

태어나기 전에 '너는 세상에 나가 * * 일을 해야 한다'는 미션을 부여받은 사람은 없다.

'아무것도 정해진 것 없는 곳'에 '근본도 모른 채' 해야 할 최선의 것은 무엇인가?

자아인식이다.

'자신의 실체인 불가능'을 인정하는 것이다.

무엇보다 '자신이 역사의 주인공이 아니라는 사실'을 받아들여야 한다.

'무엇을 창조해 낼 수 있는 자'란 '근거 없는 자기맹신의 자리'에서 내려오는 것이다.

'죽으면 재가 되는 자'가 거창한 시도를 한 들 '가치 있는 산출물'이 나올 수 없다.

죽어라 무엇인가 하려고 하지만 손에 쥐는 것이 없다.

그렇다면 행복추구를 멈추란 것인가?

아니다.

'자기자리에 대한 명확한 인식과 깨달음'이 있기 전까지 '잠잠하라'는 것이다.

그것이 없이 내어 놓은 모든 것은 '헛된 자아의 영광'을 위한 것으로 이 땅의 존재에게 '해로운 결과'만 양산할 뿐이다.

입고 있는 가짜 옷, 즉 '역사의 주인의식'을 벗어 버리고 '자신의 실체'에 대해 솔직히 인정해야 한다.

존재도 아닌 것이 '존재의 행세'를 하느라 '무거운 짐을 잔뜩 지고 있는 상황'부터 직시해야 한다.

'없음'의 진리를 깨닫는 순간 새로운 '있음'의 동력이 발현된다.

그 때 아무것도 하지 않고 '빈둥거리며 살 수 없는 에너지'가 생긴다.

새로운 차원의 '역사의 주인 되기', '행복 추구하기' 프로젝트가 가동된다.

상황을 정확하게 인식하고 수용하는 전제 하에 '추구하는 삶'은 산출물이 다르다.

'창조와 변화의 힘'이 있다.

'자신을 부인하는 것'이 자존심 상하지만 그것이 '생명의 시작' 이다.

진정한 열심과 행동은 '깨달음의 순간'과 '현실과의 접촉점'이 발생할 때 극대화 된다.

'누구보다 최선을 다하는 진지함'이 나오게 된다.

인도의 마하트마 간디는 '폭력과 문명'에 대해 철저하게 '자기 부인' 된 사람이다.

그는 누구도 생각하기 어려운 원칙으로 불의에 맞섰다. '비폭력, 무저항과 무소유'가 그것이다.

'비폭력의 완전한 실현'은 곧 '폭력에 대한 욕구 제로(0)'란 의미다.

'무저항'은 세상의 힘에 대해 '자기가 삭제'되는 자기부인 상태에서 나온다.

이같이 깨달음을 통한 '아무것도 없음'의 능력은 놀랍다.

그의 신념은 '20세기 지도자 중 가장 위대한 인물'로 역사에 새겨지는 결과를 가져왔다.

3. 제자리 프로젝트를 가동하라

모든 것은 '제자리'에 있어야 한다.

부모는 부모자리, 자식은 자식의 자리, 선생은 선생의 자리, 학생은 학생의 자리에 있어야 조화롭다.

세상도 같다.

여름에 눈이 오면 이상기후가 된다.

자동차가 차선을 이탈하여 남의 차선을 넘으면 사고가 난다.

엉뚱한 자리에서 자기 자리라고 우기면 그것이 무질서다.

'자기자리 인식'은 인간만이 할 수 있다.

그것은 곧 '인간이 반드시 가져야 할 덕목'이란 의미이다.

'자기자리를 못 지킴'은 '인간의 도리가 아니란 것'이다.

그런데 아이러니 하게도 '자리이탈 가능성'이 가장 많은 동물이 인간이다.

그 일탈은 '관계의식의 결여'로 나타난다.

현대의 위기 중에 가장 심각한 것이 '가정의 해체'다.

부부갈등, 부모와 자식의 갈등, 고부간의 갈등, 형제간의 갈등이 다반사다.

세대를 지나면서 격차는 커지기만 한다.

근원을 따지면 '자기자리 이탈'이 원인이다.

부패와 무능, 부조리, 갈등과 전쟁도 내면을 보면 모두 '관계의식의 결여'에 의한 '자리이탈 현상'이다.

자기자리 이탈은 인성의 경우에도 나타난다.

'인성의 자기자리'는 그것을 통해 '자기부인으로 인도'되는 것이다.

그것을 물고 '신이 되는 것'이 아니라 '없음의 존재'로 내려가면 제 역할을 다하게 된다.

하지만 현실은 그렇지 않다.

인간은 자기자리를 벗어나 거꾸로 달려가고 있다.

인성을 통해 '깨달음의 길'을 가는 것이 아니라 그것으로 무기 삼아 '타인을 정복하고 살육'하고 있다.

탈선한 열차를 어떻게 제자리로 돌릴 것인가?

행동을 멈추고 '진리의 존재'가 되어야 한다.

이상한 얘기처럼 들리지만 그러기 위해서는 바라보고 애착하고 있는 '현상계의 것을 모두 부정'해야 한다.

'진리'를 알기 위해서는 '보이는 실상'을 깨고 들어가야 하기 때문이다.

그것이 '인성부인'의 원리다.

구체적으로 '인성을 부인'하는 연습을 해보자.

인성의 불을 잠시 꺼보자.

꺼진 인성은 곧 죽음과 같이 자신의 '없음'을 의미한다.

'없음'이 되니 조금 전까지 존재했던 만물은 사라진다.

죽으면 삼라만상이 아무 의미 없는 것과 같다.

없는 것에다 아무리 좋은 것을 덮어도 '없는 것'에 덧칠하는 헛된 것임을 알게 된다.

인성을 불을 끄고 보니 세상은 '없는 것'으로 인지되었다.

'나'도 없고 '세상'도 없는 진공상태를 느끼는 순간 '진리의 눈'이 생긴다.

바로 그 '없음'을 자각하는 새로운 '나', 새로운 '인성'이다.

데카르트가 말하는 '생각하는 나'이다.

그 상태에서는 '객체를 인식하고 있는 인성'밖에는 실존하는 것이 없다.

인성을 부인하니 '새로운 차원의 인성'이 생겨난 것이다.

다시 인성을 불을 켜보자.

'종전과 다른 진리의 눈'을 갖게 되었기 때문에 '새로운 세계'가 보인다.

만물 속에 숨겨있는 '실체의 내용'이 보이기 시작한다.

그에게는 이제 현상계는 존재하는 것 같지만 실제로 '없음'으로 인식된다.

대신 현상 속에 들어있는 보이지 않는 '내용'이 보인다.

그 순간이 '표피적인 그릇' 속에 들어 있는 '실체로서의 진리'를 인식하는 눈이 생기는 때다.

그에게는 모든 것이 '다른 차원의 것'으로 느껴진다.

그동안 보이는 현상에 묶여 그것으로만 삶의 의미를 찾으려 했지만 그것이 다 '헛것'임을 깨닫는다.

새로운 차원의 '인성에서 비롯되는 가치관'이 생기며 종전에 전부로 여겼던 '자기가 주체가 된 행위'도 사라진다.

자신이 부인되면 욕구할 것이 없다.

'없음'이 전제가 된 '진정한 사랑과 자비'가 나온다.

이것이 '자기자리 인식'이며 '관계의식의 회복'이다.

인성의 부인은 '그것을 없애라는 것'이 아니다.

실존하는 것을 어떻게 없앨 수 있단 말인가?

그것을 가지고 '없는 곳에 성을 쌓아봐야 부질없다'는 것을 알라는 것이다.

주체로 상정하여 전쟁으로 나가는 '나'는 결국 '없음'이다.

'인성부인'은 결국 '제자리 찾기'다.

있어야 할 자리를 찾아가면 '새로운 생명'이 시작된다.

'자아추구'라는 날선 검이 아니라 '자아 없음'이라는 꽃다발을 상대방에게 선물하는 사회가 된다.

'불치병이라 여겨졌던 증상'들을 치유할 수 있게 된다.

4. 무거운 짐을 벗어버리라

　만물의 현상에 대해 '과연 그것이 진짜 있는 것인가'라는 물음을 던지는 자는 거의 없다.

　'존재란 너무 당연한 것'이라는 생각 때문이다.

　그런데 존재하지만 보이지 않는 것도 많다.

　'눈에 보이는 것'은 실체가 아니며 '보이지 않는 것'의 현현(顯現)일 뿐이다.

　이를 어떻게 받아들일 것인가?

　거울을 보면 '거울 속의 나'와 '실제 나'가 있다.

　거울 속의 나는 '모형'이고 거울 밖의 나는 '원형'이다.

　거울을 없애면 모형은 사라진다.

　'투사하고 있는 인물인 원형'이 아름다우면 '거울 속의 인물'도 아름답다.

　원형의 변화에 의해 모형이 바뀌지만 반대로 '거울 속의 인물'로 '거울 밖의 모습'을 바꿀 수 없다.

　원형은 모형을 변화시킬 수 있지만 '거울 속의 인물'은 절대로 투사체인 진짜를 건드릴 수 없다.

　'모형은 모형'일 뿐이며 원형에 영향을 줄 수 없다.

모형이 있다는 것은 '원형이 있다는 것'을 반증한다.

원형 없이 모형이 존재할 수는 없다.

모형은 항상 원형을 설명하기 위해 만들어진다.

아파트를 짓기 위해 먼저 모형인 모델하우스를 만드는 것과 같다.

그 용도는 앞으로 지어질 아파트를 미리 상상하고 매매 의사결정을 할 수 있도록 돕기 위함이다.

실제 아파트가 완성되면 모델하우스는 부서진다.

세상은 '눈에 보이는 모형'이다.

그런데 아쉽게도 원형은 보이지 않는다.

그렇다고 '원형과 모형의 관계'가 틀어지는 것은 아니다.

앞에 건물이 있다고 하자.

그 건물은 '설계자의 구상과 설계도'에 의해 지어졌다.

건물이 철거되어도 설계자의 구상은 없어지지 않는다.

모형인 건물이 없어도 원형은 영속한다는 의미이다.

눈에 보이는 것이라도 '모형은 원형을 설명하는 도구'이며 진짜가 아니라는 것이다.

대부분 원형은 진리이며 '생명'을 상징한다.

원형은 없어지지도 않고 무너지지도 않기 때문이다.

세상을 보자.

만물은 질서정연하게 움직이지만 시간의 끝으로 가면 언젠가 사라진다.

'궁극적으로 불에 타 없어져 재가 될 광활한 우주와 아름다운 자연'도 '실제가 아닌 모형'이다.

존재론적으로 '없어질 눈에 보이는 것'은 원형이 될 수 없으며 결국 모형이란 얘기다.

한편으로 그것을 나타내는 '진짜 원형'이 있다는 것을 암시하고 있다.

인간도 다르지 않다.

누구나 숨이 끊어져 사라진다.

시간 속에서 잠시 머물다 사라지는 '모래와 같은 존재'다.

특정 시점에서 보면 눈에 보이고 만져지지만 시간의 흐름을 놓고 보면 결국 '흙'으로 돌아간다.

그가 아무리 노력하고 업적을 쌓아도 '숨겨진 원형'을 변화시킬 수 없다.

거울 안의 존재가 거울 밖의 진짜를 변화시킬 수 없는 것과 같다.

그러므로 본질상 '공(空)'이다.

반야심경에서는 "세상에 있는 모든 것은 실체가 없으며 따라서 낳았다고 말할 수 있는 것도 없고, 사그라져 없어졌다고 말할 수 있는 것도 없다."고 했다.

기독교에서는 세상은 없어질 한시적 공간이며 모형이라 한다.

세상과 율법이 모형으로 주어졌으며 그 속에 들어 있는 '원형인 진리'를 깨달아 알면 그 '역할을 제대로 수행한 것'이며 '더 이상 그 모형은 필요 없다'고 한다.

하지만 '헛것인 세상'이라도 현실은 분주하다.

모형을 붙들고 '헛된 추구'를 하며 '없는 것'을 만들려고 애를 쓰고 있다.

모형에 묶이면 그 법에 종속되는 노예가 된다.

그 무게에 눌려 날마다 경쟁하고 싸우기 위해 힘을 비축하는 헛된 인생을 산다.

'없음'이 전심으로 쌓은 것이 태산이라도 결국 먼지에 불과하다.

무거운 짐, 모형의 탈을 벗고 '원형을 취하는 방법'은 무엇인가?

그 속에서 '원형을 발견하는 깨달음'이 있어야 한다.

인간은 모형이며 나그네일 뿐, '무엇을 성취함으로써 가치를 창출해 내는 존재'가 아님을 안다.

이렇게 깨달음으로 '모형 속에서 원형을 발견'하면 '모형을 파괴하는 감격의 해방'을 경험한다.

자유자가 되면 그동안 지고 있던 '무거운 짐'을 벗는다. 남을 해치고 적을 삼던 데서 그들을 섬기는 자로 거듭난다.

5. 꿈을 버려라

　역사는 어떻게 만들어지는가?

　일반적으로 '과거에서 현재'로, '현재에서 미래'로 흐른다고 생각한다.

　역사학자 E.H Carr는 "역사는 과거와 현재와의 끊임없는 대화"라 한다.

　흘러간 시간을 '현재의 시점'에서 파악하는 관점이다.

　대부분의 경우 '미래를 바꾸는 것'이 발전이며 이를 위해 '원대한 꿈'을 가지라고 한다.

　현재의 삶은 장차 올 날을 위해 기꺼이 거름이 되어도 좋다는 것이다.

　누구도 미래를 담보로 현재를 희생하고 사는데 이의를 제기하지 않는다.

　시간은 인간이 만들어낸 산물이다.

　1초를 '세슘-133원자의 바닥상태에 있는 두 초미세준위간의 전이에 대응하는 복사선의 9 192 631 770 주기의 지속시간'이라 규정한다.

　시간은 실체가 아니라 편의상 만든 개념임을 알 수 있다.

　'우주와 그 생물체가 생존을 위해 움직이고 있는 것'을 '장악할 수 있는 것'으로 고정화시킨 것이다.

혼돈과 불확실을 싫어하는 자들이 택한 응분의 조치다.

그 결과 '과거의 것'에 묶이고 '존재하지도 않는 미래'에 억매여 현재를 가두고 산다.

비디오테이프를 준비하고 역사의 처음부터 끝까지를 고정된 카메라로 촬영한다고 해보자.

다 찍은 후에 테이프의 속도를 무한대에서 0으로 수렴시킨다고 하자.

결국 0이 되면 무엇이 남는가?

답은 '아무것도 없음'이다.

태어나고 자라고 늙고 죽는 현상의 반복 뒤에는 남는 것은 아무것도 없다.

아무리 찬란한 문명도 시간의 흐름 속에서는 먼지만 남을 뿐이다.

그러므로 우리가 살고 있는 우주는 '없음', 즉 '무'다.

'없음'의 공간에서 사는 인간도 마찬가지다.

태어나서 죽을 때까지 시간의 흐름으로 측정하여 70년, 100년을 산다고 하자.

모든 인간을 집합하여 그들의 인생 시작과 끝을 기간으로 하여 0으로 수렴해 보면 결국 '없음'이다.

영혼과 정신세계를 제외하면 물질에 관한 한 남는 것이 없다.

그곳에서 '힘의 원리'를 만들어 남보다 더 낳은 가치추구를 위해, 행복을 위해 치열하게 살고 있다.

상상을 해보자.
'없음'의 인간이 '성장을 위해 땀을 흘리는 모습'을 보는 어떤 '상위의 존재'가 있다고 하자.
종국에는 '사라질 것'임을 아는 자가 바라보는 인본의 역사는 어떤 의미가 있을까?
'헛수고를 하고 있는 군상'들로 보일 뿐이다.
입장을 바꿔서 수많은 개미들이 분주하게 집을 짓고 먹을 것을 나르며 꼬물대는 모습을 보고 있다고 하자.
그들은 쉴 틈 없이 무엇인가를 하며 '가치 있는 것'을 만들지만 인간이 보기에는 쓰레기에 불과하다.

없는 곳에서 없는 자가 '성취'를 위해 꿈을 갖는 것이 맞는가?
인간의 대표적인 헛손질이 '꿈을 크게 갖는 것'이다.
미래의 그림을 상정하고 그것을 '이기적 욕심'으로 성취하려는 시도는 '남을 해치는 무기'가 된다.
'왕이 되고 싶어 하는 자'들의 '꿈과 야망'은 '그만큼의 희생자'를 양산한다.
모든 사람들이 더 큰 꿈을 갖고 소원을 이루기 위해 남을 밟으려 한다면 지구는 지옥이 될 것이다.

프랑스의 정신의학자인 자크 라캉(Jacques Lacan)은 욕망(desire) = 욕구(demand) - 필요(needs)라는 등식을 제시한다.

욕구(demand)는 타인의 관심, 평판 등을 자기 것으로 받아들여 생긴 것으로 '필요(needs)'를 타고 넘어 '욕망(desire)'이 된다고 한다.

인간은 원래 '최소한의 필요만으로 충분한 존재'였다.

그러나 '탐심'을 통해 '자기주체성확장'의 욕구가 더해져 세상을 '욕망의 도가니'로 몰아넣었다.

이를 극복할 길은 없는가?

깨달음을 통해 '욕구'를 '제로(0)화'시키면 된다.

욕구가 없으면 욕망은 사라지고 원래 모습인 '필요'상태로 회복된다.

'꿈을 버리라'는 것도 '욕망의 열매를 낳는 헛된 추구'를 버리고 원래 자리로 돌아가라는 것이다.

'꿈을 추구하는 것'의 헛됨을 알면 '꿈' 앞에서 자기는 삭제된다.

그 후에 다른 차원으로 '자기 확장'이 전제되지 않는 '순수한 꿈의 추구'가 시작될 수 있다.

6. 바쁜 삶을 버려라

인간들은 혼자 있으면 '무엇인가 계획'하고 거기에 꿈과 야망을 보탠다.

약속이라도 한 듯이 출발지점에 서서 몸을 풀고 있다.

목표지점이 어디이고 존재하는 지도 모른 채 운동화 끈을 묶고 달릴 준비를 하고 있다.

그래서 항상 바쁘다.

스스로 세운 계획을 이루기 위해 달려야 한다.

도달할 수 없는 곳으로 구름같이 몰려가는 불나방의 군상들이다.

누가 정한 원칙인가?

이상한 통계가 있다.

인생의 나이가 70세라 하면 7년을 TV를 보고 23년은 잠을 자고 7년은 먹고 마시는 시간이며 6년은 걱정하고 근심하며 88일만 행복을 느낀다.

목숨 걸고 행복을 위해 살지만 0.3%만 손에 쥐는 수준에 그친다.

결과가 0.3%인 펀드매니저에게 누가 돈을 맞기겠는가.

인간들이 열심히 한다고 하지만 남는 것은 없다.

죽어라 모은 재산은 '자식들 몫'이고 명예는 '한 날의 추억'으로 묻힌다.

인간은 '불완전하고 불확실한 것'을 싫어한다.

뿌리 없는 정체성을 극복하기 위해 '안정'을 찾는다.

특히 감당할 수 없는 변화에 대해 불편해 한다.

그래서 할 수 있는 한 모든 대상을 '형식화'를 통해 '통제할 수 있는 범위' 안에 가둘려 한다.

법이나 규범, 또는 도덕률 등이 대표적 사례다.

왜 법이 만들어졌는가?

질서유지와 정의는 둘째고 진짜 목적은 어디로 튈지 모르는 '무질서에 대한 고정화' 시도다.

'나' 이외의 자가 '힘을 근거'로 '더 많은 이익과 지배력을 행사할 수 있다'는 불안감을 떨쳐버리기 위함이다.

'무엇을 할 수 있다는 생각과 행동'은 자신의 '왕국 구축'을 위한 에너지로 쓰여 진다.

용광로의 뜨거운 쇳물처럼 '자아확장의지'는 강렬하다.

인생을 통해 그것들을 끌어 당겨 '자기 것'으로 만들기 위해 바쁘고 고단하다.

그것들을 다 잘라내면 '남는 것'은 없다.

누구인지, 왜 사는지, 어디로 가는지도 모르는 허수아비에 불과한 자신을 발견할 뿐이다.

어떻게 살 것인가?

그냥 살아라.

밀림의 야수들도 자기 먹을 것만 먹고 자리를 떠난다.

내일 '어떻게 살 것인가'를 고민하지 않는다.

'번잡한 시도'를 멈추고 눈을 감고 '다가오는 미래'를 감지해 보라.

몸부림으로 미래를 만들려 하지 말고 '완성된 미래'가 어깨를 붙잡고 입맞춤하는 짜릿함을 맛보라.

'스스로 착하고 성실한 자'임을 증명하기 위해 '수시로 중간정산 하던 시도'를 멈춰라.

'누가 더 잘살고 잘되는 지'에 대해 가치를 부여하지 말고 '주어진 인생의 길'을 묵묵히 걸어라.

'내가 그냥 살면 소는 누가 키우나'를 걱정하지 말라.

가만히 있어도 자신을 포함해 모든 인간이 아름다운 세상을 만들기 위해 애를 쓰고 있다.

파국으로 치닫는 맹렬한 달음박질을 할 수밖에 없는 존재가 인간이다.

자신도 '그런 시도를 일삼는 자'라는 인식을 갖는 것이 깨달음이다.

본의 아니게 분주하더라도 '그 사실 아는 것'이 중요하다.

군상 속에 끼어 있더라도 '깨달음을 얻는 자'는 어둠 속에 빛이 된다.

그 자는 '바쁘게 살며 허비하는 자리'에서 나와 자유로울 수 있게 된다.
바쁘게 살지 않게 된다는 것이 아니다.
지향점이 달라진다는 것이다.
정신없이 살든 한가롭게 살든 '그것으로 얽매이거나 불안해하지 않을 수 있다'는 것이다.
인성의 동력을 차단하면 죽는 것이 아니다.
불필요한 '욕구나 욕망을 제거하는 것'이다.
그러기 위해서는 깨달음이 필요하다.
지구도 살리고 지상천국을 실현하자는 노력이 오히려 '지구를 죽이고 사회를 망치는 지름길'임을 아는 것이다.

이들은 어머니 품속에 있는 어린아이처럼 그것으로 족한 자가 된다.
도덕, 행위로 '존재가치를 높이려는 시도'를 멈추게 된다.
'자아를 확장시키려는 욕구'를 버리고 업적이 얼마인지, 얼마이어야 하는지 상정해 놓지 않는다.
분주하게 물을 젓던 손발을 멈추고 물의 저항을 의지하여 둥둥 떠 있을 수 있는 여유를 회복한다.
그럼에도 불구하고 바쁜 일상에 들어가 있다면 그것은 누구도 경험하지 못하는 '여유로운 바쁨', '달콤한 분주함'이다.

7. 창조, 반대의 가치를 지향하라

　밝은 미래의 화두는 창조다.

　없던 것을 새롭게 하여 '타인에게 이롭게 하는 것'으로 선하다고 한다.

　'새로움을 위해 필요한 정서적 에너지'를 중시하여 이를 '인성의 중요한 요소'로 꼽는다.

　엉뚱한 사고력, 불굴의 정신, 근면, 성실 등을 강조한다.

　이런 요소들이 모아져서 '전에 없던 창조물'이 만들어지고 인류에 기여한다고 한다.

　과연 그런가?

　진정한 '창조정신'은 무엇인가?

　아쉽지만 인간은 '창조'와는 무관하다.

　존재론적으로 '없던 것'에서 '있는 것'을 만드는 능력을 소유하지 못했다.

　눈부신 과학문명은 인간의 창조물이 아닌가?

　그것은 개발이다.

　이미 창조되어 작동하는 '원리'를 적용하여 새롭게 조합한 것에 불과하다.

　인공지능 로봇도 '연산의 확장'을 '인간의 사유 원리로 체계화

하여 적용한 모조품'이다.

　만물이 창조되었다면 그 주인공은 신이다.
　사실이냐 아니냐를 떠나 논리적으로 전지전능 하며 '무'에서
'유'를 생산할 수 있는 유일한 존재이기 때문이다.
　그가 세상을 만들었다고 가정하자.
　하필 처음과 끝이 있는 '유한한 세상'이다.
　게다가 그 안에서 인간이 주인이 되어 '자기가 마치 신'인 것처
럼 살고 있다.
　한 나라에 왕이 둘이면 어떻게 되는가?
　'신의 전능'을 전제로 한다면 그렇게 해서는 안 된다.
　그의 실수가 아니었다면 분명한 이유가 있다는 말이다.
　어떤 '치밀한 계획'에 의해 '한시적인 공간'을 창조하고 인간으
로 하여금 '맘대로 살게 한 것'이다.
　그 의도가 무엇일까?

　창조의 궁극적인 목적은 '신과 인간이 벗이 되어 사는 것'이다.
　신은 스스로 자신과 그런 언약을 해 버렸다.
　하지만 그 가정은 성립이 어렵다.
　무한이 유한하고 공존할 수 없기 때문이다.
　인간이 흙, 먼지하고 친구가 될 수 없는 것과 같다.
　그 모순은 전능한 신만이 해결할 수 있다.
　'불가능한 수수께끼'를 해결하기 위한 조치가 '신의 죽음'과

'천지창조'다.

전자는 무한의 신이 유한의 인간에게 '포착되기로 결정한 것'이고 후자는 '신과 인간의 연합'과정을 설명하기 위한 '생생한 교육장으로 사용'하기 위한 '만물의 창조'다.

'신의 죽음'은 신이 자기를 설명하기 위해 유한한 '피조물에 다가간 사건'을 의미한다.

이는 자신의 '무한성'을 포기한 것이며 '죽음'과 같다.

한편 '천지창조'는 '어떻게 신과 인간이 연합 되었는지'를 설명하기 위해 만든 사건이다.

따라서 창조의 목적은 '세상에서 멋진 나라를 건설하는 것'이 아니라 '가르침을 통한 배움'이다.

신이 의도한 가르침은 무엇인가?

먼저, '어떻게 신과 인간이 공존하게 되었는지'를 알리는 것이다.

두 번째는 인간으로 하여금 '자기의 처음자리'를 알도록 하는 것이다.

'없음'의 인간이 '있음'의 영역으로 옮겨진 창조의 과정을 모르면 '신이 된 인간의 타락 가능성'이 생기기 때문이다.

창조주와 피조물의 '영원한 안식'이 유지하기 위해서는 '분명한 자리인식'이 전제가 되지 않으면 안 된다.

천지창조를 마친 신은 이제 그 내용을 '피조물에게 설명해 주어야 할 숙제'가 남았다.

하지만 피조물에게는 신의 '선'을 담을 그릇이 없다.

어떻게 '피조물'이 신의 은혜를 포착하고 장악하여 이해할 수 있는가?

그렇게 되면 신과 인간이 다를 이유가 없다.

'없음'의 피조물에게 '있음'을 설명하는 묘수가 무엇인가?

먼저, 인간 수준에 맞춰 '보이는 현상'에다가 신의 영역인 '보이지 않는 참인 진리'를 담아놓는 것이다.

인간으로 하여금 '없음'의 수준을 경험하고 '그것이 아닌 것'이 '신의 선'임을 알게 하는 방식이다.

'어둠'을 보고 그것이 아닌 것인 '빛'을 알면 신의 수준인 '선'을 '진리로 이해한 것'으로 보겠다는 것이다.

이 배경 하에 신은 인식 가능한 '세상'을 만들어 그 속에 '자신의 선'을 담아 놓았다.

인간으로 하여금 그 안에서 살며 경험하며 보이지 않는 '진리'를 깨닫도록 한 것이다.

신의 의도를 체험하는 교육장이 '세상'인 셈이다.

그 공간은 진리를 알게 하기 위한 것이므로 당연히 영원할 필요가 없으며 '가르침'이 끝나면 파기된다.

따라서 피조물이 그곳에서 해야 할 일은 '자신을 가꾸는 것'이 아니라 '교훈=선함=진리'을 아는 것이다.

 신의 의도한 '선'은 무엇인가?
 신이 원하는 것은 바로 '자기자리 인식'이다.
 '신은 창조주, 인간은 피조물'임을 알게 하는 것이다.
 그 방법도 신의 묘수이다.
 보이는 세상에서 신처럼 살아보다 '내가 신이 아니구나'를 깨닫게 하는 방식이다.
 자기의 뜻대로 사는 것이 결국 '어둠'이며 '난 불가능한 어둠이구나'를 깨닫게 하는 것이다.

 이를 위해 인간에게 준 것이 바로 '인성'이다.
 인성 안에'신의 추구'와 '선악 추구'의 독화살을 넣어 놓은 것이다.
 인성을 품고 자기 뜻대로 살며 '신의 자리'에 앉아 '주체성을 높이며 맘껏 살아보라는 것'이다.
 그 삶을 통해 인성대로 사는 것이 '실패의 삶'이며 자신은 원래 '없음'의 존재였음을 알아 '신의 자리'에서 내려오게 한 것이다.
 그 자는 절대로 '신의 자리를 찬탈하지 않는 자'가 된다.

 그러나 우매한 인간은 이와 같은 '오묘한 신의 의도'를 깨닫지 못한다.
 운명적으로 두 길로 갈라져 제 갈 길을 간다.

한 길은 '신의 뜻'을 오해하여 '진리의 길'을 벗어나 '자기 뜻' 대로 산다.

자기가 왕의 자리에 앉아 '신의 행세'를 하는 경우다.

또 다른 길은 '창조의 목적'을 정확하게 깨달아 '자기부인'을 통해 '신의 자리'에서 내려오는 경우다.

이를 위해 엄청난 자기삭제, 자아혁명을 겪는다.

잘 못 들어선 길, 즉 '세상에 나올 때부터 신이 되어 살던 삶'을 돌이키는 것이 진정한 '창조의 삶'이다.

'자기자리'로 가기 위해서 어떻게 해야 하는가?

그동안 쌓아온 '자기의 성'이 부서지는 수밖에 없다.

이 방식은 외견상 '창조'가 아니라 '파괴'의 모습이다.

'자신의 무력함'을 폭로하는 형태로 완성되어 간다.

'망하는 모습이지만 곧 흥하는 형태'로 진행된다.

그것이 창조의 원리이며 정신이다.

약하고...

인간은 강한 것을 동경하고 추구한다.

남에게 지는 것을 싫어하며 용사, 거인이 되기를 원한다.

부모도 아이가 맞고 다니는 것을 싫어한다.

그래서 어릴 때부터 태권도나 호신용 무술을 가르친다.

절대 강자들만 사는 세상을 상상해 보자.

매사가 경쟁이며 전쟁이다.

그 결과 승자와 패자가 갈리고 이를 뒤집기 위해 갈등과 배신과 복수가 판을 친다.

반대로 약한 자들만 있다고 가정해 보자.

이들은 자신이 '없음'이요 약한 걸 알기 때문에 남과 다투고 전쟁하지 않는다.

겨뤄서 이길 수 없는 싸움을 해야 할 이유가 없다.

오히려 상대방의 약함을 발견하면 동정심이 베푼다.

자기도 약자이기 때문에 지적하거나 질책하지도 않는다.

남을 지배하거나 정복하려고도 하지 않는다.

빼앗으려는 어떠한 시도도 없다.

얼마나 평화로운 세상인가.

낮아지고....

인간은 위로 올라가려는 지향성이 있다.

너도나도 높은 자리로 올라가려 애를 쓴다.

올라가면 성공이요 내려오면 실패다.

수단과 방법을 가리지 않고 계획하고 성취해야 한다.

모두가 높아짐을 추구하는 자들만 있다고 하자.

이들은 자신이 왕이며 당연히 왕좌의 자리는 자기 것이다. '왕좌의 게임'에는 갈등과 전쟁뿐이다.

힘의 논리나 전쟁을 통해 승자와 패자가 갈려야 한다.

하지만 세상을 '실체의 눈', '진리의 눈'으로 바라보는 자는 반대의 길을 간다.

높아지려는 욕구가 '빗나간 자아의 상실'에서 오는 '불치병 증세'라는 것을 안다.

오히려 낮아지는 것이 높아진다는 원리를 이해한다.

이들은 주장할 것이 없기 때문에 상대방에 대해 '높아지려는 욕구'가 생기지 않는다.

서로 높아짐을 추구하던 낮아짐을 축구하던 아무런 가치가 '없음'을 안다.

상대방도 동일한 생각을 한다고 하자.

그도 자신이 부인되어 낮아지는 자리에 서게 되므로 반대편에 있는 '나'는 당연히 높아진다.

그것이 진정한 '자유'이며 '창조정신'이다.

8. 자유로운 삶을 추구하라

인간은 '갇혀있는 존재'다.

육체를 가지고 있는 한 발버둥 쳐도 '주어진 공간'을 벗어날 수 없다.

공간에 잡혀 있다 보니 '부여잡고 있는 법칙'에 영향을 받을 수밖에 없다.

'생로병사', '인과율'을 안고 고락을 같이 해야 한다.

원하던 원치 않던 시간의 흐름을 타고 과거에서 현재로, 현재에서 미래로 가는 삶을 살아야 한다.

인간은 '관계'에도 묶여 있다.

생래적으로 '독자적인 주체성'이 없다.

그러다보니 자신의 가치를 '외부의 조건'이나 '관계'로 저울질 할 수밖에 없다.

다른 사람들 눈만큼 자신이 존재하며 그들의 욕망에 따라 운명이 좌우된다.

부모가 부자면 자신도 부자로 여긴다.

주변인이 손가락질 하면 행복하지 않으며 그들의 평판에 의해 목숨도 버린다.

뿐만 아니라 '자신'에게도 묶여 있다.

있지도 않는 이상향을 따라 '기준과 규칙'을 정하고 성취하기 위해 애를 쓴다.

꿈과 야망과 목표를 세우고 그것을 달성하기 위해 혼신의 힘을 다한다.

'행방을 모른 채 달려가는 자아'를 맹목적으로 좇고 있다.

'진리를 통해 생명을 좇아 살아야 하는 자아'를 버리고 '왕이 되어 앞서가는 거짓 나'를 따라 간다.

왜 이렇게 꽁꽁 묶여 사는가?

본능적으로 '자아인식과 세계관, 인생관의 모호함'에서 해방되지 못하는 열등감에 기인한 '자기추구 욕망' 때문이다.

이들은 정체성 없는 자아에 묶여 '오해된 자신'과 씨름하며 산다.

인성을 물고 '나타나는 현상'에 매달려 '시간과 공간에 갇혀' 욕망대로 주체성을 살찌운다.

'엉뚱한 곳으로 달리는 기관차', 그래서 '인간이 사는 곳이 지옥'이다.

자유로운 자로 살기 위해서는 '묶여 있는 것'에서 풀려나야 한다.

어떻게 하면 자유로울 수 있을까?

'자아인식에 의한 깨달음'을 통해 '제자리'로 가야 한다.

즉 가지고 있는 '오해된 자아'를 파기해야 한다.

유한의 존재는 '자아의 실존을 증명해 낼 능력'이 없고 새로운 것을 창조해 낼 수도 없음을 깨달아야 한다.

따라서 '자신에 대한 가치추구를 멈춰야 함'을 안다.

그것이 해방을 위한 '자기인식의 출발'이다.

이렇게 '자신=없음', '세상=없음'을 자각하면 '나'와 '세상'은 부인된다.

비로소 '자아'가 '세상'에 대해 묶임에서 풀려나게 된다.

'아무것도 아닌 존재'란 '자기인식을 한 자'는 '관계와 자신에 묶인 자아'에 대해서도 자유로울 수 있다.

자신은 '사명자'가 아니라 '무엇을 깨달아야 하는 존재'라는 자각을 한다.

이때가 되면 비로소 '무력한 자아'를 바라보고 '부수어지는 자기부인'을 경험한다.

'자신의 한계'를 받아들이는 것은 '포기와 방종'이 아니다.

오히려 '새로운 출발'의 계기가 된다.

'거짓 옷'을 입고 있는 인간됨을 버리면 '묶임'에서 풀리게 된다.

그것을 버리는 것이 '자기를 용서'하는 것이고 '화해'하는 것이다.

그렇게 되면 세상에 대해 초월할 수 있고 자신에 대해서도 자유로울 수 있다.

　세상에서 해방되어 자유롭게 산 사람은 많지 않다.

　석가, 예수, 노자, 공자, 소크라테스, 간디, 테레사 수녀, 법정스님 등 손에 꼽을 정도다.

　왜 그런가?

　불행하게도 인간은 육의 욕망에서 자유로울 수 없다.

　인식의 영역을 붙잡는 것이 인성을 문 '육의 소욕'이다.

　진리를 전하던 사도 바울도 말년에 "오로라, 나는 곤고한 자로다. 누가 이 사망의 몸에서 나를 건져내랴"고 외쳤다.

　머리에서는 '그것이 아닌데'라고 하지만 어느새 육신은 '자기만을 위해 사는 길'을 가고 있음을 발견하게 된다.

　그렇다면 자유로운 삶은 불가능한 것인가?

　아니다.

　'지향점'이 달라졌다.

　각성한 사람은 '엉뚱한 길'을 가더라도 다시 '자기 자리'로 돌아오는 '복원력'이 생긴다.

　하지만 묶인 삶을 사는 사람은 절대로 돌아오지 않는다.

　얽매인 현실과 자유사이에서 방황하지만 '없음'의 건너편에 있는 '존재의 희망'을 붙들고 '고된 삶'을 묵묵히 걷는 것이다.

　그것이 '진정한 자유인의 누림'이다.

9. '나'에서 '너'로 패러다임을 바꾸라

시끄러운 아들에게 엄마가 "입 다물고 밥 먹어"라고 했다고 하자.

엄마의 '진의'는 '조용히 하고 밥 먹으란 것'이다.

그런데 아들이 진짜 '입을 다물고 밥을 먹으려 한다'면 그 아들은 '엄마의 말을 오해한 것'이다.

진리는 내용으로 이해하지 않으면 모두 '역설'이 된다.

그것을 '표피적으로 해석'하여 행하면 망한다.

모든 진리는 역설로 빠지기 십상이다.

'보이는 현상' 안에 '숨겨진 실체적 내용'을 볼 수 있는 눈을 갖기 어렵기 때문이다.

그렇다고 탐구를 포기할 수 있는가?

그럴 수도 없고 그렇게 해서도 안 된다.

인성도 진리로 보지 못하면 역설에 빠진다.

본성으로 주어진 인성을 오해하면 '전혀 다른 결과'가 나타난다.

'내용'으로 이해지 못하고 '보이는 대로 반응'한 결과, 서로 '자기만을 사랑'하고 '자아의 살찌기만 추구'하는 엉뚱한 길로 접어든다.

"입 다물고 밥 먹어"란 소리를 있는 그대로 받아들여 입 다문 채 밥을 넣고 있는 바보스런 행위를 남발하고 있다.

어떻게 이 '역설'을 극복하는가?

인성으로 인해 드러난 '역사와 사건 등'을 잘 보고 그 속에 있는 '진의'를 찾아 '그 존재'가 되어야 한다.

자기부인으로 '없음의 존재'가 되어 더 이상 자기를 위해 살지 말고 '타인을 사랑하는 자'가 되는 것이다.

그렇게 되면 비로소 '인성에 의한 자기부인'의 순기능을 회복하여 인성으로 망가진 증상을 회복할 수 있다.

인성과 세상의 실체를 파악하여 '아! 그것이 조용히 밥 먹으라는 소리구나'로 이해하게 되는 것이다.

역설에 묶인 자는 '나'에서 '너'로의 전환이 불가능하다.

오직 '자신의 이름을 역사에 남기려는 것'에만 집중한다. 인성이 작동하는 한 시간이 지날수록 이 현상은 심화된다.

1980년대 초반에서 2000년대 초반에 출생한 소위 '밀레니얼 세대'란 새로운 시대상이 그 예다.

이들은 돈키호테처럼 엉뚱한 일에 과감하게 뛰어들거나 노마드(Nomad 유목민)처럼 한 곳에 머무르지 않고 이것저것 시도하거나 '덕후'처럼 한 가지에 몰두한다.

행복과 성공의 기준이 '나'에게 있다는 공통점이 있다.

이렇듯 세대를 이어갈수록 '나'에 대한 집착은 커져만 간다.

'섬김'을 예로 들어 보자.

섬김의 전제는 '바라는 것이 전혀 없어야' 한다.

자아의 욕구가 0이 되어야 가능하다.

'자기부인'이 되면 '자아의 욕구가 0'이 된다.

따라서 자기부인이 되지 않은 상태'에서 '남을 섬기는 것'은 불가능하다.

'자신의 유익을 챙기는 이기적 섬김'으로 흐르게 된다.

'신을 숭배'하거나 '윗사람을 섬기는 경우'도 다르지 않다.

대부분 '신에 대한 두려움'이나 '권력에 대한 복종'의 보습이지만 깊이 들어가면 '자기의 이익'을 위한 것에 불과하다.

반대로 역설에서 풀려 '주체성을 부인'하면 진정한 '타인의 섬김'이 가능해 진다.

이타적 섬김은 '섬기는 자의 주체성'이 없어야 한다.

섬기는 주체인 '나'가 살아 있으면 안 된다.

'자아=0'이면 '자기가 챙겨야 할 주체성=0'이 된다.

'나'라는 존재가 없다는 인식을 하는 사람은 '자신을 살찌우기 위한 불의한 노력'을 기울이지 않는다.

타인에 대해서도 자아의 만족을 위해 '희생되어야 할 적'으로 여기지 않게 된다.

이것이 '자기부인이 가져오는 결과'다.

자아에 대한 부정 상태에 있는 사람은 '자기를 용서'하며 남을 정죄하지 않는다.

스스로 왕이 되어 '타인을 지배하기 위해 힘의 논리를 내세웠던 자리'에서 내려온다.

이들은 '자신을 죽여 남을 살리는 것'이 무엇인지 안다.

자신을 챙길 '자아'가 없다는 것은 '상대방을 왕'으로 대접하며 '종(從)의 자리'로 갈 수 있다는 증거다.

자연스럽게 상대방을 조건 없이 섬길 수 있게 된다.

'진정한 섬김'을 이해하면 '모두가 왕'이 될 수 있다.

자신의 존재성을 '없음'으로 인식하는 자는 '자아를 챙길 것'이 아무것도 없다.

따라서 자신은 '상대방에 대해 죽는 모습'이고 상대방은 '자신에 대해 왕'이 될 수 있다.

경우를 바꿔서 동일하게 타자도 자신을 죽여 '나'를 섬긴다고 가정해 보자.

'나'는 '나 이외의 모든 자'로부터 왕의 대접을 받게 된다.

그렇게 되면 '누구나 왕'이 되는 세상이 된다.

'나'에서 '너'로의 전환이 자연스럽게 이루어진다.

'너'를 위해 '나'가 존재하는 곳, 얼마나 멋진 세상인가?

10. 허무주의, 염세주의, 쾌락주의는 가라

　인성에 있어 '자기부인'을 허무주의나 염세주의, 쾌락주의 등으로 오해하는 경우가 있다.

　자기의 '없음'을 전제로 '역사의 주인공 행세를 멈추라는 외침'은 마치 '아무것도 추구하지 말라'는 경고로 들릴 수 있다.

　또한 '행복의 실체'도 없으며 '꿈과 야망의 헛됨'을 알라는 것은 자칫 생각 없이 '욕망이 이끄는 데로 살아도 된다'고 오해할 수 있다.

　모든 것은 자기부인을 잘 못 이해한 결과다.

　오히려 '막 살아도 된다'거나 죽기 전까지라도 '즐기며 살자'는 주장을 원초적으로 차단한다.

　허무주의는 '니힐리즘(nihilism)'이다.

　라틴어의 '무(無)'를 나타내는 '니힐(nihil)'에서 왔다.

　니체는 '최고가치의 탈가치'에 의해 초래되는 '의미상실', '절대적 무의미함'을 경험하는 것을 '허무주의'라 규정한다.

　'무'라는 개념은 시간이 지남에 따라 다양하게 쓰였다.

　불교에서는 '실체가 없는 공(空)'을 말한다.

　반야심경에서는 '물질적 현상이나 감각이나 의지, 지식 같은 것은 없고 늙음과 죽음이 있을 수 없으며 따라서 삶이 곧 죽음이요,

죽음이 곧 삶'이라고 한다.

 허무주의는 '염세주의', '쾌락주의'로 발전했다.
 염세주의는 '인생은 살 가치가 없다'고 하는 사상이다.
 쾌락주의는 '인생의 목적은 열락의 추구'에 있다는 사상이다.
 현대 프랑스의 '데카당스(Décadence)'가 정점이 되었다.
 이들은 '퇴폐적인 경향'을 추구하며 '인간 본연의 본능대로 흘러가보자'는 주의다.

 자기부인의 사상과 허무주의, 염세주의, 쾌락주의와의 차이는 무엇인가?
 가장 큰 구분은 '자아의 소멸이냐 아니냐'이다.
 자기부인은 '자아를 부정'한다. '자신의 이익'을 챙기기 위한 삶은 '의미 없는 반항'이며 결국 '타인을 해치는 결과만 낳는다'는 인식에서 출발한다.
 따라서 이들은 자신의 '없음'을 추구한다.
 반면에 허무주의, 염세주의, 쾌락주의는 '자아의 주체성, 가치 추구'를 전제로 한다.
 '자아에 대한 집착'이 수반된다는 점에서 차이가 있다.

 진리를 바라보는 관점도 다르다.
 자기부인은 '불변하는 원리 및 가치'를 인정한다.
 인성도 진리이며 존재목적이 있고 그 목적은 '인성부인'이라고 한다.

　인성에 따라 욕망하는 모든 것은 허상이며 '그것을 통해 인성을 극복해야 한다는 교훈을 얻으면 족하다'는 것이다.

　반면에 허무주의는 '진리가 존재하지 않는다'고 한다.

　더 나아가 기존의 가치나 제도, 인생의 목표 등을 부인하며 '무정부주의'까지 나아간다.

　공통점도 있다.

　'없음'이라는 사상이다.

　자기부인은 '인성의 없음'을, 허무주의는 '가치의 없음'을, 염세주의는 '행복의 없음'을, 쾌락주의는 '보이지 않는 형이상학적 가치'의 없음을 주장한다.

　하지만 자기부인의 경우 '욕망하는 인성의 없음'을 자각하여 그 주체인 '자아의 삭제'로 연결된다는 점에서 '자아의 주체성을 강화'하려는 다른 사상과 차이가 있다.

　자기부인의 사상은 허무주의를 극복한다.

　허무주의는 '기존의 체제나 제도'를 부정하여 극단적으로 '아무 것도 안하거나 혁명적 행동'을 한다.

　반면에 자아의 주체성을 삭제하는 자기부인은 '현상을 초월'하여 오히려 냉정함을 유지한 채 어떤 일을 '더 열정적으로 하거나' '과감하게 수용하는 태도'를 지향한다.

　어떠한 성과가 나오더라도 그 결과를 '자기의 자랑이나 과시'로 이용하지 않을 뿐이다.

자기부인 사상은 염세주의를 차단한다.

염세주의는 '인간의 무력함', '세상에 존재하는 의미'를 못 찾는 사상이다.

하지만 자기부인 사상은 세상의 존재목적, 특히 인성의 목적이 뚜렷하며 인간은 '그것을 깨달아야 하는 존재'로 본다.

세상은 허상이지만 '진리를 담은 그릇'이기 때문에 '무가치한 것'은 아니며 그 속에 '숨어있는 진실'을 찾아 '그 존재가 되는 것'이 인간의 가치라 한다.

자기부인은 쾌락주의를 경계한다.

쾌락주의는 인생의 목적을 '쾌락의 추구'라고 본다.

'많은 쾌락을 얻는 것이 선'이며 행복이라는 것이다.

그러나 자기부인 사상은 본성에 따라 '자기의 행복만을 외치는 인성을 제어'한다.

'무한의 이기적 행복추구'는 곧 '타인의 행복'을 거스르며 세상을 '죽음의 결투장'으로 만든다고 한다.

이들은 '자기의 쾌락추구'를 넘어 타인을 바라보고 '그를 해치는 자아추구'를 멈춘다.

오히려 '섬김'이나 헌신, 봉사, 사랑을 이웃에게 흘려준다.

PART 4

인성, 진정한 행복을 누리는 삶

누구나 받아들이기 어렵지만 인간은 '어떤 것'을 빼면 '존재적 실체'가 아니다.

그 '어떤 것'이 무엇일까?

'자각' 또는 '깨달음'이다.

이를 간과하고 욕망대로 살면 '흙'과 같이 허무한 것으로 끝나지만 거기서 한 발 건너가 '자기부인'이 되면 현상을 벗어난 '새로운 존재'가 된다.

생물학적인 생(生)을 넘어 더 높은 차원의 삶과 죽음 사이를 막고 있는 것은 '진리'라는 휘장이다.

그 휘장은 무엇으로 열 수 있는가?

'인성을 동력으로 한 행동'이 아니라 '그것의 실체를 안 깨달음'이다.

'아름다운 세상을 만들자'고 외치기 전에 왜 '인성이 주어졌는지 고민하는 것'이 진짜 삶을 누리는 첩경이다.

지금까지 '자인식의 100% 고침'이 인성혁명임을 보았다.

그 길은 '진리를 아는 것'이며 '진리를 깨달았다는 것'은 눈에 보이는 '존재론적 물질 속'에 '비(非)물질의 세계'가 담겨있음을 아는 것임을 알았다.

그 눈이 트인 자는 인간은 본능적으로 그 공허함을 메꾸기 위해 '끊임없이 자신의 왕국을 건설하려는 못 말리는 자'임을 안다.

자인식의 개벽을 겪고 '주인자리'에서 내려와 '자아를 살찌게 하는 행동을 멈추는 것'이 행복임을 눈치 챘다.

누구나 본성을 벗어나지 못한다.

인성을 품고 남을 정복하여 '자기 뜻을 이루려는 유혹'을 피할 수 없다.

'번영과 성숙과 발전을 추구하는 것'이 당연한 것이라 생각한다.

하지만 거기에 머물면 인성에 묶이는 것이다.

세상은 선한 사람이 되어 '좋은 일을 많이 하는 것'으로 끝이 아니다.

한 고개가 더 남았다.

그것으로 도저히 도달할 수 없는 '존재의 한계'를 알아야 한다.

그 자인식을 바탕으로 '자신의 불가능'을 자각하면 '인성에서 자유로운 자'가 되어 '다시 태어남'을 경험한다.

'인성이 주어진 이유'는 그것이 무엇인지 알아 '자아가 죽는 깨달음의 존재'가 되라는 것이다.

이를 오해하여 인성을 붙들고 자원삼아 '자아구축을 하려는 엉뚱한 시도'를 한다면 결국 불행해 질 수밖에 없다.

'인성의 목적'을 알았다면 '없는 것'을 향해 달려가는 '자기와 화해'한 것이 된다.

그것이 '생래적 마음을 뜯어고치는 것'이며 됨의 과정이며 '불치병 치유과정'이다.

그 병을 치료한 자는 '새로운 세상'을 산다.

'진리로 인성을 뛰어 넘는 자'가 되어 '남들이 이해할 수 없는 생각'을 내어 놓는다.

무엇보다 인생의 주인 자리에서 내려와 '자신을 삭제한 자'가 된다.

진리를 이웃에게 알려주고 자아의 살찜을 추구하는 '거짓 베풂'이 아니라 대가를 바라지 않는 '진정한 사랑'을 하게 된다.

'불치병에서 해방된 자'의 기쁨으로 '새로운 삶을 누리며 봉사하고 헌신하는 자'가 된다.

본 PART에서는 '깨달음 뒤에 됨의 과정에 들어선 자'가 어떻게 '누리는 삶을 살게 되는 지'를 다양하게 제시하게 될 것이다.

제8장 인성혁명 이후의 삶을 사는 자들

1. 발상의 전환, 인성교육의 틀을 바꾼다

고양이에게 거울을 비추면 손과 발을 뻗어대며 어쩔 줄 몰라 한다.

거울 속의 '자기 모습의 실체'를 이해하지 못한 결과다.

인간도 마찬가지다.

행복추구를 위해 최선을 다하는데 미움, 전쟁, 다툼, 시기, 타락, 부조리, 납치, 살인 등 원치 않은 일들이 벌어진다.

허둥지둥 최적의 대책이라 내놓고 있지만 나아질 기미를 보이지 않는다.

조물주가 인류를 바라보고 있다면 흠칫 놀라 당황하는 고양이가 우리의 모습이 아닐까?

인성교육이란 '주어진 인성을 제대로 이해'하고 그 부름에 따라 '행하고 누릴 수 있도록 전하고 가르치는 과정'이다.

'내면에 살아있는 인성'을 발견하여 당면한 문제를 적극적으로 해결하는 '온전한 인간'으로 키워내는 것이다.

중요한 것은 '어떻게 교육할 것인가'이다.

아쉽게도 '어떤 것이 실존인지'에 대한 '인식능력 함양' 대신 단순히 드러난 인성을 '껍데기로 판단'하여 '교훈하고 정화하는 방식'으로 가르치고 있다.

열심히 하는 것처럼 보이지만 효과는 없다.

흔히 인간과 동물과의 차이를 '생각하는 것'이라고 한다.

하지만 동물도 I·Q가 인간보다 좋은 경우도 많다.

진짜 동물과 차이는 무엇인가?

'진리를 바라보는 눈이 있느냐'다.

현상을 그대로 받아들여 '자아 살찌기만'을 위해 산다면 동물과 다를 것이 없다.

어떤 것이 진리의 눈인가?

인식의 능력을 통해 '현상 안에 들어있는 진짜 알맹이'를 찾는 것이다.

"예절을 지키고 삽시다!!"라는 단순한 구호를 통해서 마음을 바꿀 수 없다.

'깨달음을 통한 행동의 변화'를 불러오게 하는 '혁명적 차원의 자극'이 있어야 한다.

인성교육진흥법상의 8가지 주제인 '예절, 효도, 정직, 책임, 존중, 배려, 소통, 협동'은 인성교육의 필수 요소이다.

그렇다고 해서 '각각의 덕목을 교훈으로 삼아 행해야 할 것만'으로 가르치면 안 된다.

진짜 치료제인 '내용'이 아니기 때문이다.

곪은 상처는 '바이러스 균'을 정확하게 찾아 그에 맞는 항생제를 투여해야 한다.

본성을 '이해하고 깨닫고 그 존재로 연합되는 교육'이 선행되어야 한다.

그래야 '변화가 수반된 인성교육의 효과'를 볼 수 있다.

어떻게 해야 하는가?

인성의 '또 다른 얼굴'을 찾아내야 한다.

겉모습이 아닌 속 내용이다.

그것은 바로 '행함'이 아니라 '깨달음'이다.

지켜야 할 '규례'로 보는 대신 그 안에 들어있는 '내용'을 알아 '마음에 간직'하여야 한다.

이렇게 인성의 내용을 알면 '모형으로 동원된 인성'은 목적을 다했으므로 그에게 더 이상 필요가 없게 된다.

이를 '해방'이라 한다.

인성으로부터 자유롭게 되면 '그것으로 비롯된 문제'도 자연스럽게 풀린다.

인성교육의 출발은 거기서부터 시작되어야 한다.

그 길만이 오해된 자아에서 벗어나 인성의 실체인 '진리를 내용'으로 알게 되어 '헛된 추구'를 멈출 수 있다.

  인성교육의 궁극적 목표는 '자기성찰에 의한 행복추구'이어야
한다.
  '행함을 강조함'에 앞서 '진리의 눈'을 달아주어야 한다.
  그 눈은 '현상에서 실체를 끄집어 낼 수 있는 능력'이다.
  그것은 아무리 노력해도 행복을 추구할 수 없는 '존재의 한계'
를 깨닫는 교육이다.
  당위적 목표를 세우고 '돌격 앞으로'정신으로 아이들을 학대해
선 안 된다.

  아이들이 인성혁명을 통해 오성(悟性)으로 '어떻게 살아야 하는
가'에 대한 방향정립을 할 수 있도록 도와야 한다.
  예를 들면, 예절, 효도, 정직 등을 규범으로 보지 않고 '도저히
해낼 수 없는 자신을 성찰하는 깨달음의 대상'으로 보도록 한다.
  그러면 '그 행위를 하는 나'를 주장할 필요도 없고 '해내지 못하
는 상대방'에 대해 비난하지 않는다.
  그 과정을 지나야 진정한 행복을 누리는 '나'와 '이들이 모인 공
동체'가 된다.
  이렇게 되면 인성교육진흥법상의 8가지 주제가 본연의 모습으
로 작동되며 발현될 수 있다.

2. 산자로 다시 태어난다

어떤 사실을 이해하지 못하는 '두 가지 경우'가 있다.

하나는 무식의 소치다.

모르면 당연히 납득이 안 되며 상황판단이 불명확해진다.

두 번째는 잣대로 비추어 '판단할 기준이 모호한 경우'다.

'검증된 지식'이 오락가락이면 정확하게 가름 할 수 없다.

이런 '무식'과 '정확한 기준의 결여'가 혼합되면 납득 능력을 상실한다.

다시 태어남의 예도 마찬가지다.

이 경우 '지식의 결여와 납득의 어려움'이 섞였다.

다시 태어남을 위해서는 '어떤 죽음'이 있어야 한다.

육의 죽음은 그것으로 끝이기 때문에 여기서는 아니다.

대신 '의식의 죽음' 또는 '영적인 죽음'이여야 한다.

그런데 그 세계는 보이지 않으며 진리의 영역이므로 '지식차원에서 풀어지고 과학적으로 증명할 대상'이 아니다.

그러므로 이 문제는 지식과 잣대, 두 가지가 엉켜있어 오리무중의 세계로 빠지기 일쑤다.

인간은 유한한 육신으로 한정된 삶을 산다.

우주 공간에 '홀로 태어나 홀연히 사라지는 안개'와 같다.

정상적인 상식으로 안정감을 가질 수 없는 '삐뚤어진 반항아'가 선택한 것이 '신의 자리'이다.

불안한 자리를 박차고 존재성을 발휘해 보겠다는 것이다.

그 결과 숨이 붙어 있는 한 자신을 위해 산다.

현상에 묶여 씨름하며 고단한 삶을 영위한다.

악의 고리를 풀고 제 길로 가는 길은 무엇인가?

다시 태어나는 것이다.

아이가 태어나 '부모의 말'을 따라 '자기의 말'을 갖게 되듯이 인간은 '진리'로 거듭나야 한다.

'존재의 한계'와 '현상에 묶인 자신'을 해방시켜 '생명의 존재'가 되기 위한 유일한 길이다.

생래적인 본성인 인성을 안고 '진리의 길'로 가느냐 아니면 '비(非)진리의 길'에 머물다 죽을 것인가는 '생명이냐 죽음이냐의 갈림길'만큼 중요하다.

언제까지 인성에 묶여 고단한 삶을 살 것인가?

그것에서 해방되어 '진정한 존재감'을 가지며 살 수 있어야 한다.

그 길이 죽었다 다시 사는 길이다.

다시 태어남은 '깨달음을 통한 죽음'을 경험해야 한다.

'깨달음의 주체'이며 '인식의 주인공'인 자아가 진짜 살기 위해서는 먼저 '인성에 대해 죽음'을 경험해야 한다.

어떻게 죽는가?

자기부인이다.

'인성으로는 안 됨'을 아는 것, 인성을 품은 자가 내어 놓는 것이 '없음이란 사실을 인정하는 것'이 죽는 것이다.

인성에 대해 죽으면 '신이 되어 왕을 추구하던 자아'는 없어진다.

스스로 '주체성 상실을 공포'하는 것이다.

그렇게 죽은 자는 새롭게 태어난다.

그것이 다른 차원으로 '인성에 대해 사는 것', '다시 태어남'이다.

그 자는 '인성을 품은 자아'가 없는 대신 '인성으로부터 자유롭게 된 자아'가 있다.

자연스럽게 인성에 의해 발현되는 '모든 죽음의 증상'으로부터 해방을 만끽할 수 있다.

'자아성취에 대한 지독한 집착'에서 벗어나 미움과 시기와 다툼, 경쟁, 음모, 살인 등에 대해 초월적 존재가 된다.

자신만을 위해 추구했던 재물, 명예, 자존심, 자기만족의 자리에서 내려온다.

그것이 진정한 다시 태어남이다.

3. 누가 선하고 악한가? 진리 안에 산다

  사람들은 '절대가치를 명제'로 삼아 목숨도 바친다.

  왕정시대, 군주시대에는 '정의'라는 명목으로 자기 몸을 불사른다.

  신을 위해 순교도 마다하지 않는다.

  침략전쟁일지라도 조국을 위해 참전한다.

  민주주의, 공산주의, 파시즘 등의 이데올로기나 도덕률을 위해서도 몸을 아끼지 않는다.

  도대체 이런 에너지는 어디서 나오는 것인가?

  진리를 오해한 데 따른 '빗나간 가치추구현상'이다.

인간은 진리를 사랑하며 추구하는 동물이다.

  하지만 무지로 인해 그 명제를 훼손시키고 있다.

  진리는 '깨달아 아는 것'이지 '행동으로 쟁취하는 것'이 아니다.

  '순교'도 마찬가지다.

  '예수를 믿으면 죽인다'라는 명제 때문에 수많은 사람들이 순교했다.

  하지만 '예수와 함께 십자가에서 죽어 그와 연합하는 것'이 진정한 순교다.

  깨달음으로 '그 존재가 된 것'과 '명제를 지키기 위해 목숨을 버린 것'은 별개의 문제다.

진리가 되지 않는 채 '명분으로 취득한 믿음으로 가장된 신념'으로 죽었다면 이것은 '진리하고는 무관한 죽음'이다.

진리가 무엇인가?

불행하게도 보편적인 인간이 보편적 가치로 동의할 수 있도록 주어지지 않았다.

진리는 '선과 악'을 하나로 통합하며 '생명과 죽음을 결정'하는 것이어야 한다.

법과 이데올로기를 위해 죽었다고 해서 '진리의 영역에 도달한 것'은 아니다.

민주주의는 좋고 공산주의는 나쁘다는 관념에서 떠나 이데올로기는 결국 '인간의 행복추구'임을 아는 것이 '하나의 진리로 이해한 것'이다.

인성에 관한 한 진리도 역시 하나다.

인성은 '진리를 설명하는 그릇'이다.

인성으로 배출된 다툼, 자선 등도 역시 그릇이다.

그것으로 '좋다', '나쁘다'를 구분해 행하려 한다면 진리로 접근하지 못하고 껍데기에 그친 것이 된다.

반면에 인성으로 발현된 다툼, 자선 등을 통해 '인간이 내어놓는 것은 악한 것만 있고 비록 선한 행위라 하더라도 자기자랑을 챙기는 이기적인 동물'임을 알면 '진리에 도달한 것'이 된다.

인성을 '진리로 분별하고 그 존재가 되는 것'이 무엇인가?

인성에 대해 '자아가 죽는 것'이다.

인성이 내용으로 하고 있는 신의추구와 선악체계, 그로 인한 증상들을 통해 '난 불가능한 자구나'를 알면 '인성에 대해 죽는 것'이다.

그것에 대해 죽으면 '인성에 대해 상관없는 자'가 되어 비로소 자유로울 수 있게 된다.

그러면 '인성의 존재목적'을 달성하게 되고 거기에서 나오는 행위나 사유는 '세상을 변화시키는 힘'이 된다.

'진리가 너희를 자유케 하리라'는 말은 진리를 알면 '얽매였던 현상'에서 벗어날 수 있다는 것이다.

어떻게 벗어나는가?

'나타난 실상을 전부'로 보면 그것에 묶여 '성취해야 할 궁극적인 목표지점'으로 오해하게 된다.

그 순간 얽매인 채 두려움과 공포에서 벗어나지 못한다.

해야 할 것, 하지 말아야 할 것, 좋은 것, 나쁜 것으로 갈라 남을 정죄하며 고단한 삶을 산다.

하지만 그 속에 숨어있는 진리를 알면 안에 있는 내용이 보이기 때문에 '표피적인 것', '현상'에 흔들리지 않는다.

대상을 '의무나 금기의 대상'으로 보지 않으며 그것으로부터 자유로울 수 있다.

진보와 보수의 논쟁을 예를 들어보자.

진보와 보수의 궁극적 목적이 '만인의 행복'에 있다.

둘의 목적은 하나이며 수단만 다른 것뿐이다.

따라서 진보와 보수로 갈라 피 흘리는 것은 어리석다.

진보를 통해 보수를 이해하고 보수를 통해 진보를 알면 진보와 보수는 결국 같은 것이다.

'둘을 하나로 보는 눈'이 필요하며 그 때 비로소 보수와 진보의 논쟁에서 자유롭게 된다.

그것이 '진리를 통해 자유자가 되는 것'이다.

인간은 진리 안에 있어야 가장 행복하다.

'목적에 맞게 사는 것'이 순리이며 그래야 평안을 누릴 수 있다.

하지만 '삐뚤어진 자아추구'로 인해 역사는 전쟁 중이다.

그 '인성을 부인하는 것'이 '인성의 목적대로 사는 것임'을 깨닫게 되면 길고 길었던 전쟁은 끝이 난다.

해방된 자들은 역사를 '추악한 욕망의 배설물'로 이해하고 '자아를 삭제하는 것'이 '병을 치유하는 길임'을 안다.

그것이 진리 안에서 '진정한 자유를 누리는 삶'이다.

4. 인생의 신비를 맘껏 누린다

인생은 선하게 살며 행복을 추구하면 그것으로 끝인가?

세상은 두 가지 차원의 영역이 있다.

눈에 보이는 '현상계'와 보이지 않는 '원리계'가 그것이다.

'자연과 만물'은 현상계이며 '그 물리세계를 부여잡고 있는 법칙'이 원리계다.

흙덩어리 지구가 공중에 매달려 있는 것은 '법칙'이 작용하고 있기 때문이다.

이 프로그램이 사라지면 우주의 행성과 별은 우수수 떨어지고 만다.

따라서 '현상계'를 파악할 때 그 내용으로 들어있는 실체인 '법칙'까지 보아야 한다.

둘을 하나로 보는 눈, 그것이 '진리를 보는 눈'이다.

인간의 신비는 무한하다.

'인간이 흙으로 지어졌다고 하는 설'이 있다.

처음에는 '흙과 육의 인과(因果)관계'에 반신반의했다.

하지만 썩으면 먼지가 된다는 경험에서 '흙으로 육신을 만들었다는 가설'이 받아들여졌다.

여기에 흙인 반도체로 슈퍼급 정보의 저장소를 만든다는 것과 몸을 구성하는 DNA에는 상상할 수 없는 양의 정보가 집적되어 있음이 밝혀지면서 둘의 관계가 더 가까워졌다.

'모래=흙=육신'의 성립가능성의 문이 열렸으며 '인간이 피조물이란 사실'에 성큼 다가갔음을 의미한다.

흙으로 지어진 인간에게 덧붙여진 것이 '인성'이다.

인간은 인성을 물고 현상에 따라 그것이 실체인 양 사유하고 행동하며 결과물을 내놓고 있다.

하지만 인성도 현상계에 갇혀있다.

'모형에 불과하단 것'이다.

그를 움직이는 법칙인 '원리계로서의 설계도'가 따로 있음을 의미한다.

인성으로 인한 현상, 예컨대 '사랑', '시기', '질투' 등은 껍질이며 감춰진 '내용으로서의 진리'가 원형으로 존재한다.

현상계는 실체가 빠지면 허상인 것처럼 인성도 그 속에 들어있는 '진리'를 빼면 '헛것'이다.

'인간을 포함하여 인성을 통해 나타난 현상'은 눈에 보이지만 '내용으로 밝혀지지 않으면' 아무것도 아니다.

마치 자연을 보고 '아름답다'라고 하지만 그 자연은 내용을 품고 있는 현상계이므로 그 아름다움은 사실 진짜가 아닌 것과 같다.

그 속에 실제로 '숨어 있는 진리'를 안다면 아름다움은 덤으로 주어진 열매인 것이다.

왜 '없어질 모형의 것'은 잘 보이고 '실존인 진리'는 감지하지 못하도록 숨겨놓았을까?

역설적이지만 '인간의 존귀함'을 나타낸 메시지다.

'인지할 수 있는 것'으로 '보이지 않는 진리'를 알아 '생명'을 가지라는 것이다.

따라서 인간의 신비를 누리기 원한다면 '보이지 않는 영역을 볼 수 있는 눈'을 가져야 한다.

세상을 움직이고 영향을 미치고 있는 '원리적인 것'에 집중해야 한다.

그것이 그동안 무관심했던 '인성으로 비롯된 병적 증세'를 치유할 수 있는 '변화의 시작'이다.

인생이란 무엇인가?

'멋지게 사는 것'이 아니라 '무엇을 아는 과정'이다.

인간은 두 갈래 길 중에 한 곳을 선택한다.

첫 번째 코스는 '현상에만 집착하며 사는 인생'이다.

다수의 길이라 위안을 얻지만 '헛것을 추구하는 삶'이다.

그 길에 서면 '세상의 원리와 법칙'에 묶인다.

'권선징악', '도덕률'을 바탕으로 항상 '해야 할 것'과 '하지 말아야 할 것'으로 나누며 산다.

둘 중 하나를 택하고 목을 매며 그것으로 의미를 부여하고 산다.

이 길에선 현상 안에서 육으로 열심히 살다가 죽는다.

부자로 살고 명예와 권세를 누렸다 하더라도 망한 삶이다.

두 번째 코스는 '현상 뒤에 보이지 않는 실체'를 깨달아 아는 길이다.

소수가 가며 외롭고 험하지만 '알맹이를 얻는 삶'이다.

그 길에 서면 인식 너머에 있는 '진리의 세계'가 보인다.

'현상에 묶인 자신'은 더 이상 없다.

자아의 실체를 알아 생래적으로 내어놓는 모든 것이 '자기만을 위한 것'임을 자각한다.

그것이 '무너질 성을 쌓는 것'임을 깨달아 그 원인인 '인성을 부인하는 것이 살 길'임을 알게 된다.

이들은 진리의 존재로 현상을 따라 살지 않고 실체인 내용을 따라 산다.

비록 육적 소욕에 메여 살지만 그것이 '의미가 없는 것'임을 알아 더 이상 집착하지 않는다.

'원리계의 실체를 안 자유로운 자아'를 즐기며 산다.

'현상계를 지배하는 힘'에 영향을 받지 않으며 '그 안에서 추구하고 얻은 결과물'에 대해 자유롭다.

인생의 신비를 누릴 것인가?

헛것을 좇으며 살 것인가?

5. 몸에 힘을 빼고 허상을 훌훌 벗는다

허상은 실제가 아니다.

아무리 화질이 좋은 TV라도 화면속의 인물은 실제가 될 수 없다.

'홀로그램으로 구현한 진짜와 같은 물체'도 플러그를 빼면 사라진다.

꿈을 꾸면 의식의 세계에서는 '자아가 둘'이다.

'꿈을 꾸는 나'와 '꿈속의 나'가 있다.

꿈에서 깨어나면 현실만 남는다.

현실이 실제이며 꿈은 허상이다.

인생도 호흡을 멈추면 끝이다.

이생의 존재와 상관없이 이 세상에서 불 꺼지듯 소등된다.

죽으면 사라지는 '환상'이다.

우주만물은 어떤가?

존재론적으로 보면 '나타난 현상'은 헛것이다.

비록 보이지 않지만 그것을 붙들고 있는 '법칙과 원리'가 실상이다.

따라서 눈에 나타나는 것을 '없음'으로 감지하고 속에 들어있는 '내용인 실상'을 소망하는 것이 바람직한 태도이다.

하지만 현실은 그렇지 않다.

내용이 안보이니까 허상을 신뢰하며 거기에 목을 맨다.

그것이 '인성을 품은 자의 한계'다.

인간은 '보이는 것만큼 인식'하고 '만져지는 것으로 실체감'을 갖는다.

그래서 '생생한 눈앞의 실존감'을 벗어나 '보이지 않는 것'을 추구하기 어렵다.

진리는 생명과 관계있는 것이며 그것을 취하느냐에 의해 인생의 가치를 결정짓는 매우 중요한 사안이다.

하지만 대부분 그것에 관심이 없고 감각에 의해 실존여부를 판단하며 산다.

허상에 묶여 헛것을 구축하며 인생을 보낸다.

멋지게 사는 것 같지만 '현실과 역사와 자아의 틀'에 갇혀 종노릇하는 것이다.

인성을 품고 있는 자아는 두 길로 갈린다.

첫 번째 길은 '현상에 묶인 자아가 가는 길'이다.

자아와 현실은 실제처럼 느끼지만 실은 꿈에 불과하다.

모형에 묶이면 '인본의 역사'만 보게 된다.

인간이 중심이 되어 '법칙과 규칙', '도덕'을 만들고 거기에서 가치와 아름다움을 느낀다.

모형 속에서 열심히 자원과 노력을 동원해 '자아가 중심이 되는 세상'을 건설한다.

인성의 주체가 되어 '왕이 되려는 욕망'에 순응한다.

그 결과 이기심에 근거한 '연합과 창대'를 꿈꾸며 자존심, 자기구축, 자아실현, 존재확장을 추구한다.

그렇게 만들어낸 산물의 실체는 '죽음의 증상'이다.

흙과 같은 '없음'들이 '있음'의 흉내를 내어 만든 역사는 모조품이요 실패다.

두 번째 길은 현상에 매이지 않고 '해방된 자아가 가는 길'이다.

모형인 '감각의 현실'을 깨고 보이지 않는 '원형을 인식하는 존재'가 된다.

현상은 파기되어 더 이상 영향을 미치지 못한다.

묶인 사슬을 풀고 자유로운 자가 된다.

이들에게 '자아는 진리'가 되고 '현실은 진리를 찾아가는 통로'가 된다.

'감각으로 지각하는 것'을 전부로 여기지 않고 거기에 매이지 않는다.

자기가 중심이 된 세상을 부수고 욕구와 필요를 채우기 위해 자원과 노력을 들여 건설하던 시도를 멈춘다.

모형을 통해 내용을 알면 '인본의 역사에서 벗어나는 눈'이 생긴다.

인간의 추구는 '이기적 자기애에 근거한 것'이며 자아는 '주체가 아니라 죽어야 하는 존재'임을 안다.

살아있던 자아가 죽으면 새로운 삶이 시작된다.

'없음'이 전제가 된 '창조의 삶'을 살게 된다.

현상을 모형으로 인지하여 '자아구축의 건설현장'에서 빠져 나온다.

그 결과 스스로 왕의 자리에서 내려온다.

'이타적 연합'과 '공동의 번영'을 추구하게 된다.

자존심, 자기구축, 자아실현, 자아확장, 존재확장을 버리며 자신의 이익을 추구하지 않는다.

두 번째 길에 들어선 자들은 '주장할 자존심'이 없기 때문에 선동을 시도하지 않는다.

우두머리 자리에 앉아도 그 자리에서 권세를 부리지 않으며 그 힘을 타인을 섬기는 데 사용한다.

그렇게 만들어낸 세상은 '사랑과 자비가 넘치는 생명이 있는 공동체'가 된다.

사망의 증상들이 하나씩 제거되며 빛이 어둠을 몰아내 듯 세상이 변하게 된다.

이들의 존재인식은 '살면 살고 망하면 망하고 병들면 병들고 죽으면 죽는다'이다.

순풍에 몸을 맡기고 다가오는 현실을 기쁨으로 맞이한다. 그것이 평화이며 안식이다.

6. 시지프스의 돌을 굴리고 있는 자신을 본다

세상은 언젠가부터 '무(無)'에 대한 정의를 '없음'으로 규정했다.

'무'를 '불행'한 것으로 여기며 '없음=실패한 삶'으로 평가하는 습관이 생겼다.

그러다보니 '유(有)의 인간이 되어야 한다'는 강박관념에 사로잡혀 있다.

남을 이기고 정복하지 않으면 실패한 삶이라는 망상에서 벗어나지 못한다.

그 결과 '최고가 되어야 하는 삶'을 지향하게 되었고 그로 인해 세상은 '승자독식(Winner takes all) 도가니'가 되었다.

성공에 대한 희열은 '뇌에 전달된 전파에 의해 느끼는 만족감' 이상도 이하도 아니다.

소유의 증대에 의해 행복감을 느끼는 것도 순간이다.

큰 집, 금고에 가득 쌓인 돈을 보고 카타르시스를 지속적으로 경험하지 못한다.

성취한 달콤함을 누리는 것도 잠시, 다시 또 달려야 한다.

목숨을 바쳐 온 힘을 다해 사는 것이 '뇌파에 전달되는 느낌'을 위한 것인가?

다른 이들의 눈에 비치는 '나'는 실제로 '나'가 아니다.

밖에서 '나'를 봐주는 눈에 비친 '나'는 수시로 변하며 언제든지 사라진다.

좋은 차, 좋은 집, 명예, 권세 등 모든 것은 '자신 밖의 다른 이들'이 '부러워해주고 잘산다고 인정해주는 것'이다.

그것으로 행복과 기쁨을 느끼는 '나'는 다른 사람이 보아주는 가짜 '나'이다.

진짜 자신을 잃어버리고 다른 사람이 봐주는 가짜 '나'를 구축하며 진짜 '나'가 지행해야 할 목적지를 놓치고 산다.

그렇다면 진짜 '나'는 누구인가?

'삶의 의미나 본질을 아는 자'와 그것을 모르고 '꼭대기를 지향하며 손에 쥐는 명예와 재산을 전부로 여기며 사는 자'는 '정체성 인식과 지향점'이 전혀 다르다.

입력된 명령대로 닥치는 대로 부수고 나가는 로봇이 아니라 생각하는 '나'이어야 한다.

그런 '나'의 존재는 진리를 빼면 '없음'이다.

그 사실을 '알고 마음으로 가지면 진리를 취한 것'이며 다른 차원의 '있음'의 영역으로 옮겨 간 것이다.

반대로 '나'를 '있음'으로 여기며 그것에 살과 뼈를 붙이려 하면 '없음'에 '없음'을 덧칠하는 망령이 된다.

따라서 맹목적으로 추구하고 있는 '유(有)'가 아닌 '무(無)'에서 존재의 실마리를 찾아야 한다.

세상을 움직이는 진정한 힘은 '나'가 주인이 되어 선택한 '특화된 정의와 신념'이 아니라 '나'가 죽고 없어지는 '삭제의 아픔을 딛고 탄생한 어떤 가치'인 것이다.

고통은 창조를 낳는다.

어떻게 '자기를 부정하는 것'이 쉽겠는가.

돌던 풍차를 되돌리려면 그동안 지난 것들이 삭제되는 아픔이 있어야 한다.

처절한 낙망을 통해야만 '없음'의 자리로 돌아간다.

'나'라는 존재의 부인은 어떻게 이루어지는가?

인성을 통해 그것으로 나오는 '불가능함과 어둠을 경험'하는 것이다.

그리고 자기가 주인이 되어 세상을 끌어당겨 '존재성을 챙기려는 시도'가 얼마나 사악한지를 자각한다.

그런 경험을 통해 '없음'인 자신이 '있음'으로 가장하여 추구하는 모든 것이 '멸망의 길'임을 깨닫는 것이다.

자기부인이 된 자는 '자신의 존재와 실체'를 알게 된다.

세상은 보이는 것 같지만 '내용이 없는 것'이며 '그것을 가치로 추구하는 것'도 역시 '허무'임을 안다.

인간이 '소망하고 그려내는 유토피아'는 원래 없는 것이며 그 시도는 오히려 '추악한 세상을 만드는 동력'이 됨을 인정한다.

세상이 합의하여 결정한 '선과 악'으로는 진정한 평화를 가져올 수 없음을 안다.

종교, 이념, 교육을 동원하여 '착하고 성숙해짐으로써 좋은 세상을 만들 수 있다는 것'도 죽어라 돌을 옮기는 시지프스에 불과하다는 것을 받아들인다.

자신이 '없음'이라는 인식 하에 세상을 바라보면 새로운 길이 열린다.

이들은 '엉뚱한 것을 쫓아가고 있는 삶'에 대해 탄식하고 통곡한다.

'스스로의 힘으로 복을 만들어 행복을 추구해 보겠다는 시도'를 버린다.

'실체를 놓치고 사는 애통함'을 갖고 그것을 찾아가는 '진리에 대한 목마름'이 있다.

'보다 낳은 인간과 세상을 만들어가겠다는 욕구'가 파멸을 몰고 오는 원인임을 알고 그것에 분노한다.

세상에 있는 '나'는 거울 속에 존재하는 허상이며 거울 밖의 진리의 존재가 된 '나'가 진정한 자아임을 안다.

그 자는 그것으로 누구도 가질 수 없는 평안을 누린다.

7. '정의의 사도' 자리에서 내려온다

마이클 센델 교수의 '정의(justice)'가 세계적으로 화제가 된 적이 있다.

그만큼 인간은 '의로운 것'에 관심이 많다.

'세상이 얼마나 의의를 추앙하고 있는지'는 영화나 연극, 만화 등 모든 엔터테인먼트의 소재를 보면 알 수 있다.

예나 지금이나 '정의의 사도'에 대한 근거 없는 로맨스가 넘쳐나는 사회다.

'정의롭게 살아야 한다는 명제'는 어디서 온 것인가?

자기가 '할 수 없는 영역을 우상화'하여 소유하고자 하는 욕구 때문이다.

의로운 자를 칭송함으로써 '자신에게 없는 것을 대체'하여 위로와 명분으로 챙기려 한다.

반대로 불의한 자가 나오면 손가락질과 정죄를 퍼부어 내면에 들어 있는 감춰진 불의를 숨긴다.

세상은 '다수의 불의'를 '허상'으로 메꾸며 사는 가증스런 공동체인 셈이다.

의의가 무엇인가?

다시 개념정의가 내려져야 한다.

먼저, 기존의 것을 보자. 정의란 '불의에 맞서 자기를 희생하는 것'이라 한다.

한편 마이클 센델 교수는 '공동의 선(善)과 미덕'의 입장에서 최적의 선택을 취하는 것을 '정의(正義)'라 한다.

모두 '현상에 갇힌 개념'이지 '근본의 물음을 해결할 수 없는 것'들이다.

이 경우 필연적으로 의로운 것은 '선한 것'이며 불의는 '나쁜 것'이라고 편을 가른다.

과연 '선과 악'으로 갈라 그것으로 '공동의 이익', '최대다수의 최대행복'이 지켜질 수 있는가?

전혀 새로운 시각에서의 개념정의가 있다.

의의란 '모든 객체가 있어야 할 자기자리에 있는 상태'에서 '관계가 요구하는 것을 잘 지켜 행하는 것'을 말한다.

만물은 자기자리를 벗어나면 '불의한 것'이 된다.

과연 인간은 '의로운 자리'에 있는가?

불행하게도 인성을 품고 있는 인간은 모두 '불의한 상태'에 있다.

본성에 따라 '자리를 이탈'하여 자신이 신이 되어 살고 있기 때문이다.

'자기자리에 대한 명확한 인식'이 결여되어 있는 상태에서 나오는 '모든 사유와 행동'은 불행한 결과를 낳는다.

의로운 삶을 회복하려면 어떻게 해야 하는가?

자기자리, 즉 '자기존재인식'으로 돌아가야 한다.

자신은 '신도 아니고 공정한 판단자'가 아니며 의롭지 못할 뿐만 아니라 '세상을 구해야 하는 슈퍼맨이 아님'을 아는 것이다.

일상에서 벌어지는 일들을 보고 그 뒤에 숨어 있는 가증한 내면에 '자기'가 있음을 인정하는 자리로 가는 것이다.

그렇게 되면 현상에 묶여 옳고 그름을 따지는 '불의한 자신'과 화해하게 된다.

물에 빠진 어머니와 아내가 있다.

한 명만 구해야 한다면 누구를 택할 것인가?

어떤 것을 선택하는 것이 의로운가?

갑론을박으로 판단하기 전에 '어느 것을 선택해도 정의로울 수 없는 인간의 한계'를 알아 '존재의 무력함을 깨닫는 자리'로 가면 그것이 의로움이다.

반대로 무엇이 옳고 그른지에 대한 시시비비를 따지고 쟁론하면 그 현상에 묶이는 것이며 '그것으로 의의를 챙겨가지려 하는 불의한 자'가 된다.

물론 사유와 논쟁을 멈추란 얘기는 아니다.

그 안에 숨겨있는 '존재의 불가능'을 먼저 알고 의의를 논하라는 것이다.

8. 미래형 인간으로 산다

20세기 사상계의 거장인 마르틴 하이데거는 "삶의 원초적 세계는 욕망과 지성에 의해 물든 소유의 세계가 아니라 존재의 세계"라 했다.

그가 말하는 존재의 세계란 하늘과 땅의 것이 스스로를 있는 그대로 드러내 보여주면서 조화롭게 펼쳐지는 '진리의 세계'라 한다.

인간이 모든 것을 지배하여 무제한적으로 이용하는 '이 땅의 주인'이 아니라고 선을 긋는다.

오히려 '존재의 세계 안에 거주하는 이웃'으로서 만물을 아낌없이 보살펴야 할 '삶의 과제'를 안고 있다고 강조한다.

그는 만물에 숨어 있는 '진짜 세계'를 바라보지는 못했다.

하지만 '보이는 세상'이 '존재의 세계'와 양립관계에 있음을 선언하고 '욕심대로 경영할 대상이 아님'을 지적했다는 점에서 의미가 있다.

한편 그는 '존재적 인간형'을 강조한다.

삶의 본질에 대해 '깨닫는 시간을 중시하는 인간형'이다.

이들은 '물리적 시간의 흐름'에 크게 흔들이지 않으며 '자기에게 주어진 생의 의미를 아는 기쁨'을 최고로 여긴다.

인간은 끊임없이 시간의 개념에 녹아있는 본질의 영역을 넘나들며 '존재의 가치'를 찾으려 애쓴다.

헬라어로 시간을 의미하는 단어는 '크로노스(Chronos)'와 '카이로스(Kairos)'가 있다.

크로노스는 단순히 '흘러가는 시간'이다.

반면에 카이로스는 의미 있는 특정시기, 즉 '때가 꽉 찬 시기'로 '깨달음의 시간'을 말한다.

'크로노스의 시간을 사는 자'는 시간 속에 자신을 가둔다.

'자신을 중심'으로 살며 '보이는 환경에 일희일비'한다.

반대로 '카이로스의 시간을 사는 자'는 '자신을 명확하게 자각'하고 자아를 버려 '만물과 인습과 욕망'을 지배한다.

요즘 미래형인간형에 대한 관심이 많다.

미래를 예측하고 준비하여 남들보다 잘 살아 '자존감을 높이자는 것'이다.

미래형 인간의 추구도 역시 '자신을 높이고 타인보다 우월한 존재가 되자'는 외침의 연장선상이다.

단순히 오는 시간을 맞이하고 보내는 데서 '앞으로 올 시간까지 정복'하려는 얄팍한 전술이다.

이들은 '있지도 않는 미래'를 위해 '현재를 희생'한다.

계획하고 설계하고 성을 쌓으며 '싸우면 이기는 것'을 '자존심 지키기의 상징'이라 여긴다.

이들은 끝까지 '크로노스의 한계'를 벗어나지 못한다.

진정한 미래형인간은 누구인가?

'카이로스의 시간 속에서 사는 자'다.

'진리를 알아 삶을 누리며' 미래를 만들기 위해 버둥거리지 않고 느긋하게 '다가오는 시간'을 맞이하는 '초월자의 삶'을 산다.

이들은 하이데거가 말하는 '존재의 세계' 속에 내재되어 있는 '실체의 내용'을 파악하여 '존재의 목적'대로 산다.

미래는 '진리 안에서 정해진 영역'이며 '현재의 시간을 쥐어 짜 만들어가는 것'이 아님을 안다.

'과거를 발판으로 현재를 동력으로 삼아 미래를 창출'하려는 시도가 헛된 것임을 눈치 챈다.

미래형인간은 역설적으로 미래에 집착하지 않는다.

시간의 흐름에 가치를 두지 않으며 '깨달음의 순간'을 중요시한다.

'주어진 인성과 현상에 대한 인식'도 뚜렷하다.

그것을 통해 '자아경영이 헛된 것임'을 알고 '없음'의 자리로 간다.

드러나는 현실을 바라보고 인성의 결과가 얼마나 참혹한지, 그것으로 발현되는 결과가 죽음의 증상으로 가득 차 있다는 것을 배우고 '인성을 멈춘 자'로 우뚝 선다.

현상계에서 풀려난 시각으로 세상을 바라보면 '미래는 인간의 노력으로 창조되는 것이 아님'을 안다.

단지 '인성의 발현에 의해 드러나는 현상을 이해하고 깨닫는 수단 일뿐'이라는 것을 알게 된다.

미래형인간은 '시간을 떠난 자'다. 이들에게는 '지나온 삶'은 '깨달음을 위한 학습의 시간'이다.

현재는 '다가오는 미래를 맞이하는 플랫폼'이다.

미래를 향해 달려가는 분주함이 없다.

가슴으로 '확정된 미래를 받아들이는 설렘'에 푹 젖는다.

지금의 '생각, 시도와 노력'은 '정해진 미래가 나를 부르는 목소리에 대한 반응'이다.

이들에게 과거나 현재나 미래는 결국 하나다.

그렇다고 아무것도 안 해도 되는가?

아니다.

시간에 매여 살지 않는 것뿐이다.

누구보다 열심히 살지만 그것으로 '자아의 배부름'으로 챙겨가지 않는다.

미래형 인간은 '신비로운 인생의 일부로 존재'하며 삶 속에 들어있는 내용인 '실체를 배우는 자'다.

비전을 가지고 열심을 내어 '미래를 만들고 변혁시키는 자'가 아님을 알고 '평안 속에 안주'할 수 있다.

9. 진짜 화평, 용서, 선행을 한다

사람들은 본능적으로 '욕망에 따라 별 생각 없이 행복을 추구'하며 산다.

'어디에서 오고 어디로 흘러가고 있는지'에 대한 감각도 정지되어 있다.

더욱이 '진리를 모르고 사는 애통함'도 없다.

그러다보니 진짜 취해야 할 것을 놓치고 산다.

신앙처럼 믿고 있는 선행체계 중 화평, 용서, 선행에도 '잘못된 이해'와 '왜곡된 행동양식의 뿌리'가 박혀 있다.

무엇이 진정한 화평이요 용서이며 선행인가?

화평

화평이란 사람과 사람사이, 나라와 나라 사이의 관계를 모두 포함해서 '화목하고 평온한 상태를 유지'하는 것이다.

이를 적극적으로 해석하여 '불화된 상태를 완화시키는 노력'이 화평의 상징으로 인식되고 고취되고 있다.

'분쟁과 전쟁 사이'를 중재하거나 '갈등관계에 있는 상태'를 풀어주는 자를 소위 '피스메이커(peace maker)'라 하여 많은 단체가 결성되어 활동하고 있다.

그것으로 화평한 세상을 이룰 수 있는가?

인간은 끊임없이 긴장관계 속에 산다.

자신이 주인이 되어 "감히..나를..", "내가 누군데..." 등의 사고와 언어를 쓰며 '견고한 자아의 성'을 구축한다.

상황을 객체로 놓고 '판단의 잣대'로 삼아 방어와 공격전술을 편다.

그러니 매일 전쟁이다.

그와 마주 서 있는 상대방도 같다.

자신의 이익을 취하기 위해 목을 세우고 있는 한 화평의 길은 없다.

진정한 화평은 존재하지 않는가?

자신의 용서 없이 '형식적인 중재를 모색하는 것'은 효과가 없다.

일시적 갈등이 해소되었다 해도 근본적인 화평은 없다.

서로의 이익에 부합하는 선에서 봉합되는 것일 뿐, 내면에서 우러나는 온전한 화평은 아니다.

이런 의미에서 화평이란 정의가 다시 내려져야 한다.

화평이란 '인성에서 비롯된 불치병'을 자각하고 자신의 '없음'으로 돌아가는 것이다.

화평의 전제는 '불화한 자신과 먼저 손을 잡는 것'이다.

자신과의 화해, 즉 자신이 부정되어 '자기애를 위해 싸우던 자아'에서 해방시키는 것이 '진정한 화평'의 시작이다.

화평을 통해 '자기만의 성'을 사수하기 위해 '남을 정죄하던 마음'에서 벗어날 수 있다.

속박에서 벗어난 자신은 더 이상 '상대방을 객체로 놓고 경쟁의 대상'으로 삼지 않게 된다.

자신과 화해한 자가 그것을 이웃에게 알리고 상대방이 깨달아 알게 되면 '진정한 화평'이 도모된다.

그자가 영향력 있는 '피스메이커'가 된다.

용서

용서는 '지은 죄나 잘못한 일에 대하여 꾸짖거나 벌하지 아니하고 덮어줌'이다.

일반적으로 상대방의 과실을 눈감아 주거나 그 책임을 면제해 주거나, 관계를 회복시켜 주는 것으로 사용한다.

인간이 과연 온전한 용서를 할 수 있는가?

불교에서는 '용서가 없다'고 한다.

인간은 '참회 할 대상'이지 '용서할 대상'이 아니라 한다.

헤겔은 신의 죽음으로 인류의 죄를 사해 주었고 따라서 '신과 인간이 화해'하는 것이 '인간의 죄'에 대한 '신의 용서'라고 했다.

용서의 개념은 다시 정립되어야 한다.

인성을 품은 자는 '온전한 용서'를 할 수 없다.

비록 원수를 용서했다고 해도 생래적으로 주어진 '자아의 주체성'을 완전히 버리지 못한다.

자기만이 아는 '자기욕구충족에 의한 만족감'을 누가 버릴 수 있는가?

따라서 인성을 품은 자에게 '규범적 용서'를 바래서는 안 된다.

아무도 할 수 없기 때문이다.

그렇다면 진정한 용서는 없는가?

아니다. 타인을 용서하기 전에 먼저, '자아의 불가능에 대한 인정과 용납', 즉 '자신에 대한 용서'가 있어야 한다.

인성에 따라 '주체성을 챙기는 사유와 행동'이 '자신과 불화상태임'을 아는 것이 용서의 출발이다.

더 이상 '자아를 살찌우며 높은 곳으로 나가는 존재'가 아니라는 사실을 받아들이는 것이 '자신과 화해하고 용서하는 것'이다.

'자신을 용서한 자'는 '타인을 정죄할 자아'가 없다.

'챙길 자아'가 없으면 상대방의 입장에서 '용서받을 주체'가 사라지며 따라서 더 이상 '용서'할 명분도 없다.

겉으로 '원수를 용서'하더라도 내면에 '자아의 주체성'을 챙기는 용서인가, 아니면 '자아가 없는 상태'에서 하는 용서인가에 따라 결과가 달라진다.

전자는 용서가 아니다. '자기만족 챙기기'일 뿐이다.

후자가 의미 있는 용서가 된다.

선행

사랑과 함께 '인간의 역사에서 좋은 의미로 가장 많이 사용되는 용어'가 선행이다.

자비, 나눔 등과 함께 '선행체계를 이끄는 실천 강령'과 같은 것이다.

선행이란 '선하고 어진 행실'을 말한다.

인간은 과연 온전한 선행을 할 수 있는가?

외형상 대가나 조건 없이 불쌍한 사람을 돕는 사람도 많다.

하지만 자기도 모르게 '자기만족'이나 '대견한 자신'을 챙겼다면 선행이라고 볼 수 없다.

그렇다면 진정한 의미의 선행은 무엇인가?

'자아의 삭제' 하에 '모든 것이 비워진 상태'에서 나오는 '착하고 어진 행실'이다.

인성을 통해 자아가 죽으면 자신을 챙길 것이 없다.

그때 어떤 형태의 선행, 용서, 자비로 나타날지라도 자랑이나 내 세울 것이 없게 된다.

'대가나 명예나 이익을 챙겨갖지 않는 선행'이 진정한 선행이다.

선행의 상징인 테레사수녀, 리빙스턴, 슈바이처 등은 인류애를 실천한 인물들이다.

뒤를 이어 많은 사람들이 선행을 실천하고 있다.

하지만 단순하게 '모범사례'로 제시하면 안 된다.

잘 못하면 '자아확장'의 도구로 오용될 수 있기 때문이다.

이들의 사례를 통해 모든 사람이 '자기부인'의 길을 가도록 해야 한다.

'존재의 불가능'을 자각한 '자아 없음'의 자리에서 나오는 '선행'이 세상을 변화시키기 때문이다.

제9장 100% 변화된 삶을 사는 인성

1. 가짜 행복을 버려라

인간은 행복하기 위해 산다.

철학에서부터 종교, 정치, 경제, 사회, 문화 모든 영역에서 궁극적 가치를 행복에 둔다.

지구촌은 그 비결이 무엇인지, 어떻게 획득해야 하는지에 대한 담론으로 가득하다.

그런데 정작 그 실체에 대해 잘 알지 못한다.

단순히 '행복하다고 느끼는 감정'이 전부인가?

그렇다면 목숨을 다해 투입하고 있는 자원과 노력이 과해 보인다.

행복이란 무엇인가?

각국의 행복지수를 보면 고개가 갸우뚱해진다.

가장 부유한 나라와 가난한 나라의 행복지수는 '역함수'다.

'소득이 낮은 곳'이 '높은 곳보다 더 행복하다는 것'이다.

미국은 몇 달러면 맛있는 햄버거를 먹을 수 있는 부유한 나라다.

하지만 자살률 최고, 이혼이 다반사요 여기저기에서 폭력, 총기사건이 발생한다.

반면에 일어나 배고프면 고기를 잡아먹고 한 숨 자다가 열매를 따먹는 '한심해 보이는 후진국 인간'이 더 행복하다.

행복의 실체는 사실 '물리적 화학적 자극'이 전부다.

'나는 행복하다'고 할 때 뇌로 전달된 '파장으로 감지되는 자기장에 의한 느낌' 외에는 특별한 것이 없다.

그런데 뇌를 자극하는 요소가 하나면 그 파장은 지속되지 않는다.

같은 조건이 어제와 오늘, 내일 지속되더라도 동일한 행복감이 느껴지지 않는다.

로또에 맞았다고 해도 그 감동 그대로 영원히 유지하는 사람은 없다.

그래서 느낌을 뒤로 한 채 '또 다른 행복'을 추구한다.

행복의 요소는 무엇인가?

물질, 건강, 가족, 명예, 성공 등 외부적 요인이 대부분이다.

그런데 행복을 좌우하는 '자아 밖 조건'은 수시로 변한다.

이들은 모두 '상대적 가치'이며 조변석개한다.

결국 '항상 행복할 수 있다'는 명제가 무너진다.

대상이 '항상성'을 유지하지 못한다면 행복의 요소도 본질적인 것이 될 수 없다.

따라서 행복의 '진정한 실체'는 없으며 결국 '신기루'다.

왜 '뇌의 자극에 불과한 행복'을 사력을 다해 추구하는가?

'자아상실의 열등감을 채우려는 욕망' 때문이다.

인간은 어디서 왜 오고 어디로 가는지 모른다.

'존재의 무능에 대한 갈증'에 반발하여 '자기 힘으로 주체성을 찾으려는 몸부림'이다.

그래서 객관적 대상을 가지고 '자신을 규정'하려 한다.

부모에 의해 자식이 되고, 이웃, 친구에 의해 사회적 존재가 되며 물질에 의해 부자가 된다.

그렇다면 행복을 포기하란 말인가?

아니다.

그 전에 해야 할 일이 있다는 것이다.

행복을 추구하는 자아의 '없음'과 이를 달성하기 위해 '끌어들이고 있는 대상이 무의미한 것임'을 자각하는 것이다.

'존재의 빈약함'을 극복하려 '행복을 찾아보려는 시도'가 헛된 것임을 알고 '맹목적인 추구'를 멈추라는 것이다.

아무 것도 없는 외딴 섬의 촌부는 '채워야 할 그릇'이 존재하지 않으며 따라서 '부어야 할 노력의 여분'이 없다.

그런데도 그는 행복하다.

어떤 것이 진정한 행복인가?

행복을 추구하는 것은 '자기 자리를 벗어나 신이 된 자아'가 '존재의 공백을 메꾸고 주체성을 주장하기 위한 것'이라는 자각이 있어야 한다.

그 자는 '행복의 허상'을 이해한다.

동시에 '행복의 주체가 되어야 할 자아'가 없기 때문에 '항목에 끌어들일 대상'이 없어지게 된다.

성공, 재물, 스펙, 명예, 인기 등 필수요소였던 것이 더 이상 영향력을 발휘하지 못한다.

그것의 '있음과 없음'에 대해 자유로울 수 있다.

그런데도 그가 '생물학적인 행복'을 느낀다면 '덤으로 주어진 선물' 아닌가?

그것이 진짜 행복이다.

2. 성난 돈키호테여, 자신을 용서하라

  미국의 재벌이 대통령이 되었다.

  예상치 못한 결과를 두고 '백인우선주의의 등장', '보호무역 강화'의 신호탄이라 한다.

  무엇보다 '국민의 관용이 종언을 고'했다는 증거다.

  더 이상 '자신의 희생을 담보로 남을 돕지 말라는 경고의 의미'가 크다.

  '인도주의'도 퇴장을 맞고 있다.

  '풍족할 때의 자비'일 뿐 밥그릇이 줄어들거나 생활의 위협을 가져올 때는 즉시 미움, 질투, 분열로 변한다는 것이 폭로되었다.

  인간은 자기를 위해 산다.

  '유익하지 않은 것'은 절대 선택하지 않는다.

  그것도 아니면 '자존심 챙기기' 명분이라도 건진다.

  어떤 형태든 배경에 '자기'가 있다.

  '진정한 나눔과 베풂'은 상대방에게 100% 돌아가야 한다. 하지만 주체로 있는 한 0.1%라도 가져가야 할 지분이 존재하게 된다.

  따라서 테레사수녀의 사랑조차도 '이기적 본성을 가진 인간의 관점'에서 보면 '순전한 사랑'이 아니다.

인간은 '무한대의 자기집착'을 지향한다.

'자기가 중심이라는 것'은 비록 '타인에게 해를 끼치는 것'이라도 '눈앞의 이익을 취할 수 있음'을 의미한다.

만물은 유한하며 자원도 한정되어 있어 절대만족을 얻기 어렵다.

따라서 '자기중심으로 세상을 사는 것'은 필연적으로 '상대방의 손해'를 유발하도록 되어 있다.

'자기만을 위해 사는 공간을 추구하는 한' 윈-윈 게임은 있을 수 없다.

인성을 에너지 삼으면 자아가 시퍼렇게 산다.

남들과 비교하여 우월해야 하며 '더 낳은 성과'를 내야하는 부담에 쉬지도 못한다.

성난 돈키호테가 풍차를 향해 달려가는 모습이다.

그 짐을 벗는 방법은 무엇인가?

자신을 용서하는 것이다.

'왕이 되어야 한다고 뛰는 자신'과 '종전을 선언'하고 '곧은 목'을 펴게 해 주어야 한다.

인성을 배터리 삼아 뛰지 말고 잠잠히 '그 존재목적'을 깨달아 '맹목적으로 인성의 노예가 된 자신'과 화해해야 한다.

그것이 용서다.

자신을 용서한 자는 '자아의 모습은 없는 것 같으나 있는 자'

가 된다.

'전선에서 칼을 휘두르는 자아'가 없어지니 '그와 싸워야 할 또 다른 자아'도 없다.

챙겨야 할 자아가 없으므로 '각자의 능력과 성숙'에 따라 잘됨과 못됨이 갈라지지 않는다.

개체의 '능력과 자격과 업적'에 의해 순위가 매겨지지 않으므로 '집착이나 갈등'이 사라진다.

'앞에 있던 거대한 풍차'가 허깨비였음을 깨닫는다.

자신도 '없음'의 인간이며 생래적으로 '주체성을 추구하는 동물'이 아니었음을 안다.

그때서야 '가치 있다고 여겼던 기존의 세계'는 없어지고 '다른 차원의 세계'가 보인다.

이들은 외형상 '자아를 상실한 자'의 모습이지만 '다른 차원의 자아'가 살아 올라온다.

'주장할 인성'이 없으니 당연히 '발휘해야 할 인성'도 없으며 그 것에 얽매이지 않는 새로운 에너지가 발휘된다.

비로소 '실존의 인성에서 비롯된 행위'들이 나오게 된다.

사랑, 온유, 절제, 자비, 용서 등이 조건이나 대가 없이 발현된다.

그 동안 실패했던 교육, 이념, 윤리가 제 길을 찾게 된다.

3. 진리를 품은 자신을 사랑하라

만물은 '짝'으로 이루어져 있다.

하늘과 땅, 여자와 남자, 물과 불, 빛과 어둠, +극과 -극 등 모든 것이 둘이다.

둘이 합해져 하나가 되어야 생존이 유지된다.

왜 그런가?

'둘은 하나'라는 메시지다.

모양은 둘이지만 결국 '하나로 보라'는 것이다.

따라서 '둘로 나누어 각각의 것으로 해석'하고 그것이 전부인 것처럼 보면 안 된다는 의미다.

만물은 '홀로 있는 것'이라도 실은 '보이지 않는 진리'와 한 쌍으로 이루어져 있으며 '그 내용을 볼 수 있는 눈'을 가져야 한다.

'어둠만 있는 세상'이 있다고 하자.

그 안에서는 빛이 무엇인지 모른다.

그런데 빛이 와서 어둠을 비추면 '아 내가 있었던 곳이 어둠이었구나'를 알게 된다.

그 때 빛은 '어둠이 무엇인지 알게 하는 것'으로 작용했다. 따라서 빛은 '어둠을 내용'으로 하는 것이다.

반대의 경우도 같다.

빛만 있으면 어둠이 무엇인지 모른다.

거기에 어둠이 나타나면 빛의 존재를 알게 된다.

어둠으로 빛을 알았으니 역시 '어둠은 빛을 내용'으로 한다.

빛이 없으면 어둠을 설명할 수 없고 어둠이 없으면 빛을 설명할 수 없다.

'이것이 그것이네'로 알면 빛과 어둠은 하나다.

귀는 두 개다.

하나로 듣지 말고 '다른 소리'로 들어야 '진리'라는 것이다. 눈도 기능상 하나만 있어도 충분하다.

그런데 왜 둘인가?

보이는 것에 그치지 말고 '하나로 다른 하나를 보아야 완성'된다는 의미다.

코는 하나다.

코를 막으면 죽는다. '호흡은 생명'이며 '진리는 하나'라는 것이다.

입도 하나다.

말을 하나로 해야 진리이며 생명이라는 말이다.

이렇듯 모든 것을 진리를 품고 있다.

한자경 교수는 '부처성불에 대해 산천초목 동시성불'이라 인용했다.

'세상을 통해 성불'하면 '세상도 그 역할을 다하고 성불'하게 된다는 것이다.

인성을 품은 자아도 마찬가지다.

자아는 '진리의 영역'이므로 '두 가지 모습'이 있다.

인성으로 '신이 된 자아'와 그것으로 '죽은 자아'가 있다.

전자의 경우는 '인성을 한 면(面)'만으로 본 것이다.

그렇게 되면 '자아추구'가 인생의 목적이 되어 그것에 '희로애락'을 느끼며 안에 갇혀 '반쪽짜리 삶'을 살다 죽는다.

반면에 후자는 '하나로 나머지 하나를 깨닫는' 경우다.

즉 '인성을 통해 자아가 죽는 자기부인'의 상태로 간다.

그렇게 되면 둘이 하나가 되는 '진리의 존재'가 된다.

인성을 품은 자신은 '사랑의 대상'이다.

정말 자기를 사랑하는 것이 무엇일까?

일반적으로 '자신을 존중하고 소중하게 생각하는 것'으로 생각한다.

'주체성을 높여 타인에게 존경받는 자'가 되어 '스스로 대견함을 느끼도록 하는 것'이 자신을 사랑하는 것이라 한다.

과연 그런가?

자신을 사랑하는 방법은 두 가지다.

먼저, '자아가 주인'이 된 채 사랑하는 경우가 있다.

그 자는 '자기에게 더욱 집착'한다.

'존재의 가치상승'을 위해 수단과 방법을 가리지 않는다.

감춰있는 '부끄러운 죄성'을 절대 드러내지 않으며 타인에게는 '엄격한 잣대'를 들이댄다.

'명예와 권위를 높여주는 것'이 자신을 사랑하는 최선의 방법이라 믿는다.

이들은 인생이 전쟁터다. 투사가 되어 '고단한 삶'을 산다.

자신을 사랑하는 것 같지만 '노예로 삼는 것'이다.

오히려 '자학이며 불화하고 원수 삼는 것'이다.

반면에 '자기부인이 된 자'는 '자신을 용서'하는 것으로 사랑을 시작한다.

사랑하는 방법이 전혀 다르다.

'치명적인 인성의 불치병'이 걸린 것을 알려주어 그것으로부터 벗어나게 한다.

고해의 바다에서 무거운 짐을 지고 '자아의 살찜'을 추구하는 힘겨운 자신을 해방시킨다.

해방된 자아는 '자신의 없음'을 인정하고 '타인을 죽이는 투쟁적 삶'에서 돌아오게 된다.

자신과 손잡고 '이웃에게 사랑을 전하는 자'가 된다.

그것이 진정한 자기사랑이다.

4. 이웃을 사랑하라

 사랑은 인류에게 가장 매력적인 단어이다.

 남녀, 진리에 대한 갈망 등 '에로스의 사랑'을 비롯해 부모자식, 이웃, 신에 대한 '아가페의 사랑'이 있다.

 힌두교의 카마, 유교의 인, 불교의 자비, 기독교의 아가페 등 핵심 원리이기도 하다.

 그 존재는 어둠을 비추는 등불처럼 '갈등을 치료'하며 '갈라진 마음에 단비를 내리는 해갈수(解渴水)'로 작용해 왔다.

 사랑이 '최고의 선'이며 '누구나 베풀어야 하는 것'임에도 불구하고 왜 세상은 미움이 지배하고 있는가?

 사랑은 '마음을 준다' 또는 '정을 준다'는 의미로 쓰인다.

 그래서 '꼭 해야 할 것'으로 여겨 '사랑하면 좋은 것', '안하면 나쁜 것'으로 규정한다.

 이렇게 사랑을 '규범으로 인식'하고 그대로 '실행해야 할 것'으로 새기는 것은 '사랑에 대한 잘못된 오해' 때문이다.

 사랑을 해야 할 '의무'로 단정하면 안 되는 이유가 있다.

 먼저, 인간은 '순전한 사랑을 할 수 없는 존재'다.

 '100% 이타적 희생'을 할 수 없다.

타인을 위한 죽음이라도 명분이나 이익을 조금이라도 챙기는 동물이다.

두 번째로 사랑은 '행위규범'이 아니라 '진리의 영역'이다.

'사랑은 선이요 미움은 악'이라는 식으로 나누어 '사랑의 목적'을 달성할 수 없다.

따라서 사랑을 놓고 '깨달음의 단계'로 가야지 '행하거나', '행하지 않거나'로 갈라지면 안 된다.

어떻게 사랑을 진리로 보는가?

세상에 퍼져있는 '사랑으로 비롯되어 나타난 현상'들은 '진리를 설명하는 모형'이다.

선행, 배려, 자비 등은 그것으로 전부가 아니라 그 속에는 '어떤 내용'이 숨어 있다.

사랑 안에 감춰진 실체는 바로 '생명'이다.

'생명'이 무엇인가?

'진리를 아는 것'이다.

세상을 사랑으로 가득 채우라는 것은 '생명'인 '진리'를 이웃에게 전하라는 말이다.

'억지 사랑'을 '행위로 내어놓으라는 것'이 아니다.

이런 관점에서 사랑을 '다른 차원으로 정의'해야 한다.

사랑은 '진리를 알아 흘려주는 것'이다.

마음 없이 하는 사랑'은 '자기를 위한 행위'일 뿐이다.

그 행위를 통해 '깨달음'으로 가야한다.

사랑한다고 하면서도 '자신의 이익만을 챙기는 불가능한 자아'를 발견하는 것이다.

'아!! 도저히 나는 행위로써 사랑할 수 없는 자구나'를 알아 '가식적인 사랑의 행위'를 멈추면 그것이 '자기부인'이다.

사랑을 통해 각성한 자는 '사랑은 행해야 하는 규범'이 아니라 '그것을 통해 깨달음으로 가는 것'으로 알아 '의무사랑'의 짐에서 해방될 수 있다.

그렇다면 '자신을 사랑하라는 것'은 무슨 말인가?

아무리 나쁜 짓을 해도 용서하라는 것인가?

아니다.

'자기에게 진리를 전해주는 것'이 '자기사랑'이다.

'자신을 더 애착하고 가식의 옷'을 입히는 것이 아니라 '오해된 나'를 '원위치로 놓는 것'이 진정한 자기사랑이다.

인성을 진리로 이해하면 '자기용서'가 수반된다.

자기를 용서한 자는 이웃을 사랑하게 된다.

진리를 통해 '자신을 사랑한 자'는 그 진리를 이웃에게 전하게 된다.

아무것도 바라지 않는 '아가페의 사랑'을 내어 놓을 수 있게 된다.

마음의 전달, 그것이 '자기사랑에 기반 한 이웃사랑'이다.

5. 진짜 성공을 품어라

모든 인간은 성공을 추구한다.

서점에는 관련 서적으로 넘쳐난다.

세계최고의 부자 중 한 사람인 워런버핏과 식사 한번 하는데 수십억 원으로 낙찰되기도 한다.

언제부턴가 학교가 '스펙을 생산하는 사관학교'가 되었다.

직장도 '높은 연봉과 직을 얻기 위한 전쟁터'로 변했다.

결혼도 '자기의 부족한 것을 채워주는 배우자'를 선택하는 '인간시장'이다.

속세를 벗어나야 할 종교에서도 '성공을 위한 강좌와 설법'이 인기다.

성공이란 무엇인가?

목적한 바를 이뤄 자아를 살찌우는 것이다.

재물은 그 첫 번째 잣대다.

돈은 '인간의 욕망을 채워주는 에너지'다.

자연스럽게 '우상이 되어 인간을 지배'한다.

권력도 빼놓을 수 없는 성공의 대상이다.

'지배력 행사'를 통한 성취감을 얻을 수 있기 때문이다.

그래서 누구나 권력을 장악하면 남용을 부린다.

명예도 성공의 성패를 좌우하는 요소다.

목숨도 그 앞에서 힘을 못 쓴다.

성공의 실체는 무엇인가?

그 배터리는 '자아확장욕구'이다.

가치 있는 대상을 '획득'하여 존재감을 고취한다.

그런데 그 만족감은 뇌에서 인식하는 '느낌'이 전부다.

자극으로 비롯된 감각은 오래가지도 못한다.

게다가 성공을 느끼게 해주는 재산, 명예 등도 '흘러가면 사라지는 일시적 현상'일 뿐이다.

성공감은 '인지영역'에 불과하며 실상은 아무것도 아니다.

그렇다면 진정한 성공은 무엇인가?

'진리를 추구하는 것'이다.

진리를 깨달은 자는 '공허한 현상'에 매이지 않게 된다.

'자아추구 주체인 자아'뿐만 아니라 '대상'조차도 실은 '아무것도 아닌 것'임을 알아버렸기 때문이다.

물론 수시로 '인성에 묶여 욕심에 매달리는 자신'을 본다.

그 때마다 한계를 인정하고 '없음'의 자리로 갈 수 있는 '회귀력(回歸力)'을 발휘한다.

어떻게 성공을 누리며 살 수 있는가?

'현상에서 성공의 비결을 찾는 자'들은 그것에 종속된다.

'손에 쥔 것'에 집착하고 '드러난 현상에 대한 옳고 그름을 판단'하여 정죄한다.

'다가오는 현란한 변화'에 일희일비하며 둘로 갈라 선택하느라 정신이 없다.

눈앞에 보이는 것만 집중하는 '1차원의 삶'을 산다.

반면에 '진리로 성공을 추구'하는 자는 '다른 차원의 삶'을 산다.

'눈앞에 있는 현실'을 넘어 '그것을 지배하고 장악하고 있는 보이지 않는 실체'에 초점을 맞추고 앞으로 나간다.

이들이 바라보는 현실은 '진리에 도달하기 위한 도구'이며 '합력해서 선'을 이루기 때문에 그것이 비록 실패라도 좌절하지 않는다.

크게 성공을 거두더라도 자만하지 않는다.

크게 성공했지만 평범한 일상을 사는 사람들이 많다.

복권이 당첨되어 몇 년 만에 빈털터리가 된 사람도 있지만 이전과 다름없이 사는 사람도 있다.

'자기의 없음'을 받아들이고 '성공을 위해 혼을 빼앗기는 것'이 헛됨을 알고 행한다면 '그자가 진정한 성공자'다.

이들은 재물, 권력, 명예욕에 사로잡혀 '그것으로 성패를 나누고' '희로애락의 재료로 삼지 않기 때문에' 자유롭다.

'성공을 벗어난 자'가 '진짜 성공의 맛을 아는 자'다.

6. 절대 긍정의 자세를 가져라

영국 우주물리학자 스티븐 호킹 박사는

"소행성 충돌과 인구증가, 기후변화 등으로 인간이 더 이상 지구에 살 수 없게 될 겁니다. 30년 안에 지구를 떠나야 합니다."라 했다.

그는 "지구가 사람이 살기 어려울 정도로 파괴되는 건 시간문제"라며 "눈에 보이는 것을 이해하려 노력하고 우주를 존재하게 하는 것이 무엇인지 궁금해 하라."고 당부했다.

만약 그의 말이 옳다면 곧 인류가 멸망한다는 얘기다.

과연 '자신의 존재가 사라지는 현실' 앞에서 담담할 수 있는 사람이 얼마나 될까?

네덜란드 철학자 스피노자는 "이 지구가 멸망한다고 해도 나는 한그루의 사과나무를 심겠다."고 했다.

이 말은 역설이다. 망하는 지구에 나무를 심어본 들 무슨 의미가 있는가.

그의 말은 희망을 갖겠다는 것이다.

그 희망이 무엇인가?

바로 생명이다.

현상에 묶이지 않고 '속의 내용'을 보는 것이 생명이다.

'만물 안에 담겨진 진리'를 알면 '현상에서 해방'되어 다시 태어난다.

그러면 내일 멸망해도 동요하지 않을 수 있다.

'진리의 눈'을 가지면 절대긍정의 삶을 살게 된다.

어떻게 진리의 눈을 가질 수 있는가?

'보이는 세계를 파괴'하는 계기가 있어야 한다.

현상에 대한 부정, 즉 '만물은 내용을 담고 있는 모형이며 실체가 아님'을 깨닫는 것이다.

'없어질 것은 언젠가 사라지게 됨'을 아는 것이 '현상의 파괴'다.

현상의 부인은 동시에 자신의 '없음'을 뜻한다.

자아가 주체가 되어 '무엇인가 이루려는 것이 헛된 것임을 아는 것'이 자신의 부정이다.

이렇게 되면 막상 '현상'이 사라지거나 '육신의 죽음'을 경험해도 '그것을 아는 진리'는 남게 된다.

한반도에서 지진의 공포가 시작되었다.

전쟁이 언제 터질지도 모른다.

다가오는 멸망의 공포는 어떻게 할 것인가?

'현상에 묶인 실체'는 두려움에서 벗어날 수 없다.

그래서 안절부절 한다.

하지만 '눈앞에 닥칠 재난에 마주쳐 있는 자신'은 알고 보면

'없음'이다.

세상도 '존재적 실체'가 아니다.

'만물에 대해 파괴를 본 자'는 '현상이 허상'임을 안다.

유일하게 존재하는 것은 인성을 통해 모든 것을 알아버린 '깨달은 자아'다.

그에게 인성과 육신은 '진리를 알도록 동원된 그릇'이며 '역할을 다하면 없어져야 할 것'이므로 그 '존재의 삭제'에 대해 자유로울 수 있다.

그 자는 절대긍정의 자리로 간다.

'없음의 세상에서 해방된 자'가 어떻게 세상의 일에 두려워 할 수 있는가?

재난의 희생이 될 지라도 '지진, 전쟁, 멸망과 나'는 이미 '진리 안에서 실종'되었기 때문에 더 이상 두려움이 아니다.

'고통, 환란, 고난, 위험 등'은 외형상 '죽음의 증세'로 보이지만 '그것으로 진리를 깨달았다면' '빛이요 생명'이다.

자신을 평가하고 손가락질 하는 사람들조차 '인성의 실체에 다가가기 위한 선생들'로 여긴다.

진리가 전제된다면 모든 것이 나쁜 것만은 아니다.

선과 악도 '진리 위에 있는 자신을 어떻게 하지 못한다'는 해방감을 가질 수 있다.

무엇이 자신에게 영향을 줄 수 있는가?

아무것도 없다.

7. 말세의 증상을 이기며 살아라

진보적 지식인인 메사추세츠공대 명예교수인 촘스키는 "지금 껏 살아온 방식으로 앞으로 인류공동체가 생존할 수 있을까 하 는 상황에 직면에 있는데도 재앙을 향한 질주를 가속화하고 있 다."고 지적했다.

유한한 생명의 끝자락을 '말세'라 한다.

그 안에서 인성을 가슴에 찬 인간들이 만들어 놓은 역사를 보 면 가증스럽다.

문명과 문화, 예술로 치장하고 자비와 선행으로 가리고 있지만 '미움과 시기와 다툼'이 움츠리고 있다.

그 결과 '사람과 사람, 공동체, 민족 간의 분열과 갈등'이 멈춰 진 때는 없었다.

혼돈의 뿌리에 '타락한 인성'이 내재되어 있다.

살인, 시기, 분쟁, 질투, 불의, 탐욕이 일상화 되고 정욕대로 이 끌린 육체의 타락은 멈출 줄 모른다.

자신의 번성만을 위해 '공존을 망각하는 행위'는 '멸망을 재촉 하는 에너지'로 쓰인다.

과학기술의 발달은 '위대한 창조의 비밀'을 알아가는 '무지의 자각'이 아니라 우월함을 자랑하는 '교만의 바벨탑'으로 전락하고 있다.

　세상의 흐름은 폭포수 끝자락으로 치닫고 있다.

　인류의 안전을 핑계로 대량학살을 위한 무기생산이 정당화 되었다.

　재래식 핵을 능가하는 파괴력 있는 미사일이 세계 곳곳에 배치되어 언제든 일어날 불꽃놀이 학살을 예고하고 있다.

　거기에 인류를 괴롭히는 자연재해는 갈수록 심해진다.

　자연을 탐욕으로 파괴한 결과다.

　지진, 태풍, 허리케인, 화산폭발이 빈번하고 대규모 환경 피해가 잇따르고 있다.

　사회를 촘촘히 유지하던 인류의 틀도 무너지고 있다.

　폭력과 자살이 남발하고 이혼, 파경에 이르는 가정이 늘어나 부모자식 사이, 이웃은 멀어져 간다.

　말세의 현상을 어떻게 보아야 하는가?

　이것은 힌트일 뿐이다.

　종국으로 치달을수록 뚜렷하게 '정체성의 혼돈'이 가속되고 있다.

　남녀의 구분이 모호해지고 인간과 동물, 로봇의 구분이 사라지고 있다.

　개와 고양이에게 재산상속을 하는 일은 더 이상 우스운 이야기가 아니다.

강아지 생일 파티가 일반인 생일 파티보다 더 화려하게 치러지고 있다.

  유럽의회에서는 인공지능(Artificial Intelligence)로봇을 '전자인간'으로 규정했다.

  알파고 로봇은 인간 바둑고수를 차례로 농락하며 이기고 있다. 저마다 "알파고는 마치 바둑의 신 같았다."고 혀를 내두른다.

  머지않아 인간과 로봇이 대등하게 공존하는 세상이 올게 될 것이다.

  세상은 온통 정치경제사회의 번영이라는 명분을 위해 '자기의 성을 쌓는 용사들'로 넘친다.

  남이 하면 불륜, 자기가 하면 로맨스다.

  자국을 지키기 위해 이웃을 위협하며 국경 넘어 남을 죽이는 것이 일상이다.

  문명의 극치라 일컬으며 눈앞에 펼쳐지고 있는 현란한 네온사인은 '오만한 인간의 자랑 쌓기 현장'이다.

  '개인의 자유도 가능하면 최대한 보장되어야 한다'고 주장한다.

  자아가 죽는 것은 실패요 남을 위해 양보하는 자는 바보라고 손가락질 당한다.

  이렇듯 인성이라는 핵폭탄의 위력이 갈수록 커지고 있다.

  죽음을 피할 수 없듯이 '보이는 세계의 종말'도 어쩔 수 없다.

  멸망을 향해 달리는 운명의 기차를 타고 무엇을 해야 하는가?

생명의 티켓을 부여안아야 한다.

'말세의 현상'을 통해 생명을 깨달아 거듭나야 한다.

'나타나고 있는 죽음의 증상'에 묶여 일희일비 하지 말고 각성을 통해 벗어나야 한다.

어떻게 벗어나는가?

'현상 속에 들어 있는 진리를 아는 것'이다.

진리를 알면 '내용을 품고 있던 현상인 껍데기는 파기되는 것'이기 때문이다.

인성의 발현이 '종국으로 달리는 동력임'을 알고 그 '인성에서 탈출'하는 것이 '진리를 아는 것'이다.

'우두머리 용사가 판을 치는 곳'에서 '자기존재의 없음을 인정하는 진정한 승자'가 나와야 한다.

대장이 되어야 한다는 짐을 털고 '자신과 화해'하며 '용서의 기쁨'을 누리는 현장을 만들어야 한다.

모두가 인성혁명을 통해서 '말세의 혼돈과 소용돌이'를 잠재우고 '평화의 메시지를 이웃에게 전해주는 사랑전파자'로 거듭나야 한다.

8. 변화관리 주체가 되라

한동안 '마누라 빼고 다 바꿔라'란 말이 있었다.

'변화와 혁신'이라는 키워드가 '성공의 요인'으로 부각되면서부터다.

너도나도 강자로 변하기 위해 스펙에 스펙을 더하며 로보캅처럼 신종무기를 개발하고 장착하고 있다.

그런데 자세히 보면 '자아살찌기를 위한 변화'에는 목숨을 걸지만 '자신의 정체성에 대한 변화'에는 관심이 없다.

'가치 있는 삶이 무엇'이고 '어떻게 살아야 하는지'에 대한 고민은 실종되었다.

왜 그런가?

과녁을 다른 데 두고 있기 때문이다.

누구나 인생의 목표점을 '성취에 따른 거인 만들기'로 삼는다.

'세상이 정한 기준에 맞춰야 성공한다'는 욕망에 따라 '자신을 객관화시키는데 몰두'해 있다.

그러다보니 자신은 없고 '자아상실의 몽유병'에 걸린 채 헛것을 채우고 산다.

인간과 동물의 삶을 CCTV로 촬영한다고 가정해보자.

인생을 100년이라 하고 동물의 생을 10년이라 하자.

두 개의 CCTV를 각자의 생애대로 촬영하여 1분으로 축약하여 순간화면으로 보자.

문명의 차이 빼고 태어나고 관계를 맺고 죽는 것은 똑 같다.

흙으로 가 먼지가 되는 것도 다를 것이 없다.

화면이 끝나고 남는 것은 아무것도 없다.

인간과 동물은 같은 것인가?

아니다.

인간은 '동물과 다른 존귀함'이 있다.

생애를 통해 그것을 챙겨가지 않으면 먼지에 불과한 자가 된다.

그 '역사적 사명을 안고 있는 자'들에게 인성이 주어졌다.

이 특별한 선물을 잘 활용하여 동물이 가져갈 수 없는 '새로운 차원의 생명'의 존재가 되어야 한다.

그렇다면 동물과 똑같이 '본능에 따라 살면 안 되는 것'임을 눈치 채야 하는 것 아닌가?

'인성을 부여안고 매달려 사는 것'이 아니라 그것으로부터 벗어나야 한다.

그것이 '자신에 대한 변화관리의 시작'이다.

'자아에 대한 변화관리'는 인성교육의 핵심이다.

그 과정을 통해 '인식의 틀'을 바꾸어야 한다.

'습관에 따라 인성이 하라는 대로 살면 안 되는 것임'을 알아야 한다.

그것이 '인성에 대해 자신이 죽는 것'이다.

'인성+자아= nothing'의 등식을 이해하는 것이다.

살아서 보고 듣고 말하는 모든 것이 '주어진 현상에 집착하는 것'이며 그것으로 '진정한 삶의 가치'를 얻을 수 없는 것임을 알면 '인성에 대해 자아가 죽는 것'이다.

이렇게 자아가 죽으면 그에게 '인성이 없는 것'과 같다.

그렇게 죽은 자는 '진정한 변화를 경험'하게 된다.

전과는 다른 '새로운 눈과 귀와 입'을 갖게 되어 '듣고 말하는 것'이 달라진다.

'옛 자아가 죽고 새로운 차원을 사는 자'는 '진짜 듣고 말해야 할 내용'이 있음을 알게 된다.

또한 '인성과 현상에 의해 드러난 결과물'을 가지고 반응하는 수준에서 벗어나 '그 속에 들어있는 실체'를 본다.

'남들이 보지 못하는 것'을 보고 '남들이 얘기하지 않는 것'을 말할 수 있게 된다.

예를 들어, '대통령의 권력남용 게이트'를 뉴스로 접했다고 하자.

예전에는 "어떻게 대통령이 되어 저렇게 권력을 사리사욕의 수단으로 쓸 수 있는가"라고 치를 떨었다.

하지만 '새로운 눈을 가진 자'는 그 현상에 대해 "권력남용을 하는 것이 잘 못된 것이지만 나도 그 자리에 가면 완전히 자유로울 수 없다."라고 '타인의 모습에서 자신을 비춰보는 시야'를 갖게 된다.

시인 고은 선생은 세월호 참사에 대해 "선장은 우리들의 자화상이다. 누가 누굴 비난할 수 있겠는가. 통렬한 각성이 필요하다."라고 했다.

그 자리에 '정죄와 증오와 파괴' 대신 '용서와 관용이 개입될 여지'가 있게 된다.

아이들의 왕따 문제를 다루는 경우도 마찬가지다.

사회나 언론에서는 왕따 현상에 대해 "나쁜 놈들, 도대체 어떻게 가르쳤기에 저 모양이지?", "가정교육이 문제야", "화목한 가정을 이루자" 등 강한 질책과 교훈으로 맞선다.

그러나 '새로운 귀와 입이 열린 자'는 다르다.

"남을 이겨야 하는 환경에서는 누구나 왕따 현상을 경험할 수 있다."

"선악체계로 남을 정죄하는 대신 그 비판의 손가락을 자신에게 돌리는 인성교육이 필요하다."라고 반응한다.

자아인식을 통해 '본연의 자리로 돌아오는 것'이 '변화관리의 핵심'이다.

9. 죽음을 이기며 살라

　공자는 제자인 자로(子路)가 죽음에 대해 묻자 "삶에 대해서도
모르거늘 어찌 죽음에 관하여 알겠는가?"라고 했다.

　"우리는 어디서 왔다가 어디로 가는 존재입니까?"라는 제자의
질문에 석가모니는 "너는 그것에 관심을 두기 전에 너의 존재 자
체가 인생의 독화살에 맞은 것에 집중해야 한다. 너는 먼저 어떻
게 하면 생로병사의 윤회에서 빠져 나갈 수 있을까, 근원에서 빠
져 나올 것인가에 관심을 가져야 한다."라고 했다.

　죽음이 무엇인가?

　세상의 죽음을 보라.

　호흡이 없으면 부패되어 먼지가 된다.

　호흡은 숨이며 생명의 원천이다. 한편 진리는 생명이다.

　따라서 '진리=생명=호흡'이다.

　인간이라도 '호흡인 진리가 멈추면 흙에 불과하다'는 것을 말
하는 것이다.

　죽음은 모형이다.

　'끊임없이 죽고 다시 태어나는 연속현상'에서 '죽음은 생명을
품고 있음'을 발견하도록 주어진 것이다.

따라서 '죽어야 산다'는 역설을 이해하는 것이 '죽음을 잘 이해하는 것'이며 '죽음을 이기는 길'이다.

인간은 깨달음을 통해 '생명'이 되어야 하지 허상인 세상 것만 추구하다 죽으면 안 된다.

어떻게 죽음의 땅에서 산자가 되는가?

찰나의 시간에 영원을 잡아야 한다.

인성을 지닌 채 삶을 살며 그것으로 자기의 '없음'을 경험하고 '새로운 눈'을 가지면 그것이 '죽음이자 동시에 생명의 시작'이다.

이 땅이 욕망의 배설물로 채워져 있다는 자각과 함께 더 이상 '주체성을 높이기 위한 삶'이 아니라 '가치를 털리는 경험'을 통해 '진짜 죽음에서 빠져나와야 함'을 아는 것이다.

이런 자는 사망이 끝이 아니라 '새로운 차원'으로 들어가는 출발점에 선다.

죽음을 '두려워 할 대상'이 아니라 '새로운 시작'이라 생각한다.

종교와 사상에서는 이 관점을 지지한다.

불교에서는 '죽는다는 것'은 '무(無)로 되는 것'이 아니며 매미가 허물을 벗듯이 훨훨 벗어 던지고 '새로운 옷으로 갈아입는 것'으로 여긴다.

'낡은 허물을 벗는 것이 죽음'이며, '새로운 옷으로 갈아입는 것을 윤회'라 한다.

그렇게 때문에 죽음은 두려워할 일도 슬퍼할 일도 아니다.

몽테뉴는 "어디에서 죽음이 우리들을 기다릴 줄 모른다. 곳곳에서 기다리지 않겠는가! 죽음을 예측하는 것은 자유를 예측하는 일이다."라 했다.

'깨달음으로 자기가 죽은 자'는 '두 가지 차원의 생명'을 경험한다.

먼저, '세상에 있는 자신을 삭제한 자'가 된다.

인성을 통해 자아가 부인되면 '자신'은 없는 것이 된다.

'불가능한 자', '없음'이라는 인식을 가지면 '그를 지배하던 인성으로부터 풀려나 자유로운 자'가 된다.

재물, 권력을 통해 '존재성을 챙기던 자리'에서 내려와 '그것의 많고 적음, 높고 낮음에 얽매이지 않는 자'가 된다.

'없음'을 인정하는 자는 어떤 것으로도 채울 것이 없기 때문에 '자아성취'를 위한 온갖 시도도 의미 없음을 안다.

이들에게 있어서 육적 죽음은 '없음으로 돌아가는 현상'일 뿐 종국이 아니라 여긴다.

다음, 자기부인을 하면 '세상에 대해 무관한 자'가 된다.

현상을 통해 '자기 없음을 안자'에게 있어서는 '보이는 삼라만상'이 더 이상 존재의미가 없다.

'그들의 목적'을 알아버렸기 때문이다.

만물을 통해 존재목적을 알면 '그 만물은 역할을 다한 것'이며

'진리를 이해한 자'에게 영향력을 발휘할 수 없다.

이를 '삭제'라 한다.

그에게는 세상이 없는 것과 마찬가지다.

죽음을 이기며 살 수 있는가?

진리를 알게 된 자는 '육적 죽음'에 연연하지 않는다.

'죽어야 사는 원리'를 아는데 죽음이 두려울 수 없다.

몸만 죽을 뿐 '진리를 아는 자아는 영원하다'고 믿는다.

이들은 죽음을 늘 가까이 있는 것으로 보아 '저승길이 대문 밖'이라 생각하며 '산뜻한 출발점에 서는 것'으로 여긴다.

'육신을 가지고 살던 삶'을 떠나 '영으로의 기다림', 그리고 '새로운 육신을 입고 영생을 살아가기 위한 여정의 시작'으로 감지한다.

천상병 시인의 비문에 '잘 놀다간다'가 있다.

카피라이터였던 조민호가 써 주었다는 비문, '여기도 참 좋다'도 상큼하다.

필자는 '잘 배우고 갑니다'라고 정했다.

그런 류의 비문을 써야겠다고 맘먹었다면 그것이 죽음을 이긴 것 아닌가.

에필로그

인성을 품고 깨달음으로 다 고쳐야 한다

베토벤교향곡 9번이 연주되는 현장을 상상해 보자.

이 작품은 역사 이래 이만큼 장엄한 교향곡은 없다고 할 만큼 베토벤 예술의 정점이라 칭송을 받는 곡이다.

그는 당시 귀가 먹었고 심한 위장병과 눈병에 시달리고 있었다.

자신이 죽은 것 같은 때에 '운명과 비애를 극복한 환희의 송가'를 만든 것이다.

'죽어야 산다'는 진리를 깨달은 자의 포효처럼 들린다.

마지막 4악장의 가사를 보면 다음과 같다.

오 친구여, 이 곡조보다 더 한 것 없으리!

더욱 희망찬 노래를 부르세

중략...

환희여, 하나님의 아름다운 섬광이여

천국의 딸이여!

우리는 그 불길에 이끌려 왔노라,

당신의 지성소가 천국이니

중략...

포옹하라, 만민들이여!
온 세상을 위한 입맞춤을!

　이 아름다운 선율 속에 각자의 마음에 새로운 세계를 경험하는
주인공이라 상상해 보자.

　무대 중간 뒤에 수백 명의 합창단, 그 앞에 연주자, 또 그 앞에
지휘가가 등을 보이고 있다.

　얇고 가는 피리소리 같은 음과 두툼하고 넓은 음, 남녀 성악가
들의 합창, 수많은 악기에서 나오는 화음이 거대한 교향악의 연
주를 만들어 내고 있다.

　합창단은 자기의 역할이 주어지면 입을 크게 벌려 음을 내고 전
체 연주음에 순응한다.

　연주자는 각기 자기의 악기를 가지고 주어진 곡에 따라 음을 만
들어낸다.

　우리가 살아가는 인생도 다를 것이 없다.

　각자의 인생은 정해진 음표에 의해 한 치의 오차 없이 선율을
만들어내고 있다.

　조화와 어우러짐이 있는 선율을 만들어가기 위해서는 '객체의
주체성'을 잠재워야 한다.

　모두가 왕이 되어 '자기의 존재성'을 챙기기 위해 연주를 한다
면 어떻게 되겠는가?

　다툼과 질투와 불협화음만을 초래하며 제대로 된 음을 만들지

못할 것이다.

자기부인을 강조하면 아무것도 안 해도 되는가?
그렇지 않다.
가치 있는 교향곡이 완성되기 위해 들고 있는 악기는 그야말로 '없어서는 안 될 귀한 몫'이 있다.
클라리넷을 불고 있는 자가 자기의 역할이 맘에 안 든다고 비올라 흉내를 낸다면 어떻게 되겠는가?
열심히 최선을 다한다고 하지만 주변에서는 그 튀는 음에 견디지 못할 뿐만 아니라 연주의 흐름도 망치게 될 것이다.

긴 교향곡이 성공하기 위해서는 '남을 판단하고 정죄하는 자리'에서 내려와야 한다.
한 곡이 마무리 되는 과정에서 수많은 크고 작은 실수와 실패가 들어있다.
그렇다고 해서 그 사람을 드러내고 비난한다면 완성에 이르지 못할 것이다.
연주가 진행되면 각자가 최선을 다하며 타인의 실수를 아파하며 자기의 것으로 덮어나가려는 배려가 있어야 한다.
그래야 길고 긴 연주의 끝에서 서로 기뻐하며 베토벤처럼 5번의 기립박수를 받게 될 것이다.

참고문헌

하이젠베르크, 김용준 옮김, 『부분과 전체』, 지식산업사, 1997.

핸드릭 빌렘 반 룬, 김희숙 옮김, 『똘레랑스』, 길, 2000.

데이비드 호킨스, 이종수 옮김, 『의식혁명』, 한문화, 2002.

데일 카네기, 손풍삼 역, 『마음이 행복을 부른다』, 산해, 2002.

홍성욱, 『네트워크 혁명 그 열림과 닫힘』, 들녘, 2002.

브라이언트레이시, 홍성화 역, 『성취심리』, 씨앗을 뿌리는 사람, 2003.

에스라서원 편집부, 『기질 테스트』, 에스라서원, 2003.

달라이라마, 빅터 챈, 류시화 옮김, 『용서』, 오래된 미래, 2005.

모리오카 마사히로, 이창익 역, 『무통문명』, 모멘토, 2005.

에모토 마사루, 홍성민 역, 『물은 답을 알고 있다』, 더난출판사, 2008.

엠마뉘엘수녀, 김주경 옮김, 『아듀』, 오래된 미래, 2008.

리차드 도킨스, 홍영남, 이상임 옮김, 『이기적 유전자』, 을유문화사, 2010.

자비에르 르퀴르, 고선일 옮김, 『마더 데레사』, 카톨릭출판사, 2012.

이정곤, 『성품이 인생을 결정한다』, 아크, 2013.

바오펑산, 이연도 옮김, 『공자전』, 나무의 철학, 2013.

디팩 초프라, 레너드 플로디노프, 류운 옮김, 『세계관의 전쟁』, 문학동네, 2013.

일본 뉴턴프레스, 『현대물리학 3대 이론』, 아이뉴턴(뉴턴코리아), 2013.

송선영, 『인성, 윤리적 삶과 종교』, 소통과 공감, 2015.

지명, 『한 권으로 읽는 불교 교리』, 조계종출판사, 2015.

모기룡, 『왜 일류의 기업들은 인문학에 주목하는가』, 다산초당, 2015.

최원호, 『인성교육개론』, 학지사, 2016.

조벽, 『인성이 실력이다』, 해냄, 2016.

안만순, 『인성교육을 위한 철학적 기초 놓기』, 중원문화, 2016.

법륜, 『행복』, 나무의 마음, 2016.

홍익희, 『유대인 이야기』, 행성B 잎새, 2016.

케네스 E. 베일리, 박규태 옮김, 『중동의 눈으로 본 예수』, 새물결플러스, 2016.

모리모토 안리, 강혜정 옮김, 『반지성주의』, 세종서적, 2016.

편석준, 김선민, 우장훈, 김광집, 『가상현실』, 미래의창, 2017.

미국 국가정보위원회, 이미숙, 이영래 옮김, 『미국 대통령을 위한 NIC 미래예측보고서』, 예문, 2017.

인성 혁명 물구나무 서기 인성

지은이 박영수
펴낸이 김홍열
기획 김기하
디자인 김예나, 윤덕순

초판발행 2017년 10월 13일
펴낸곳 율도국
주소 서울시 도봉구 도봉동 609-32 (3층)
출판등록 2008년 07월 31일
전화 02) 3297-2027
팩스 0505-868-6565
홈페이지 http://www.uldo.co.kr
메일 uldokim@hanmail.net

※ 가격은 뒤표지에 있습니다.

ISBN 979-11-87911-17-3